D1662460

SPARTANISCHE STAATSERZIEHUNG

nach den Quellen bearbeitet von

Dr. Jürgen Brake

Arnshaugk

Die Deutsche Nationalbibliothek verzeichnet diese Publikation in der
Deutschen Nationalbibliografie; detaillierte bibliografische Daten sind im Internet
über http://dnb.d–nb.de abrufbar.

Titelabbildung: Oberkörper einer in Sparta gefundenen Apollonstatue
aus der Mitte des 5. Jhds. v. Chr. Athen, Nationalmuseum.

ISBN 978-3-944064-53-6

© Arnshaugk Verlag

Nachdruck der Ausgabe Hamburg 1939
Gedruckt in Deutschland
www.arnshaugk.de

Vorwort des Bearbeiters

I

In unserem gegenwärtigen Verhältnis zur griechischen Antike treffen zwei entgegengesetzte Bewegungen aufeinander. Auf der einen Seite sind wir im Begriff, ganz bewußt Abstand zu nehmen von dem starken Einfluß, den das Griechentum seit dem Zusammenstoß der germanischen Stämme mit der antiken Kultur auf die Entwicklung des deutschen Bildungswesens ausgeübt hat, und durch dessen Macht es zu Zeiten weitgehend überwuchert wurde. Mit dem Bewußtsein tiefgreifender Gegensätze zwischen unserer Kultur und der antiken Lebensform verbindet sich der Wille, die Vormachtstellung einer fremden Bildungstradition zu überwinden und das Bildungswesen der Nation aus den Wurzeln des eigenen Wesens und der eigenen Geschichte zu begründen. Auf der anderen Seite stehen wir mitten in einer neuen Begegnung mit der Antike. Eine neue Versenkung in die Geschichte hat die Größe und die schöpferische Kraft der antiken Kultur als eine der großen welthistorischen Gesamtleistungen und als einen bleibenden Maßstab alles lebendigen Völkergeschehens mit klarer Bestimmtheit wieder in das Bewußtsein gehoben. Die Vergegenwärtigung unserer eigenen Vergangenheit hat uns noch einmal wieder gezeigt, wie viele der stärksten Kräfte der Antike zu echten Bestandteilen unserer eigenen Kultur geworden sind und wie sehr wir dadurch auch heute noch mit dem Altertum durch einen unzerreißbaren lebendigen Zusammenhang verbunden sind. Und der sich jetzt schärfende Blick für die rassischen Grundlagen des Völkerlebens hat über alle Verschiedenheiten hinweg letzte verwandte Grundhaltungen in den großen nordischen Völkern des Altertums und der Neuzeit sichtbar gemacht.

Unter den vielfältigen Antrieben zu einer neuen Auseinandersetzung mit dem Griechentum liegt der stärkste Impuls in der Zuwendung auf den Staat als den Ursprung und den Mittelpunkt aller griechischen Kultur. Der staatliche Charakter des Griechentums ist zwar niemals unbekannt gewesen, er hat auf das philosophische und politische Denken schon des Mittelalters und dann in steigendem Maße der Neuzeit immer wieder auf das stärkste eingewirkt, aber auf die innere Gestaltung des deutschen Volkslebens und seiner Erziehungsformen ist er fast ohne jeden Einfluß gewesen. Die das Vorbild der Antike erneuernden Bildungsbewegungen unserer Vergangenheit waren vor allem auf die großen Leistungen der geistigen und menschlichen Kultur in Griechenland, unabhängig von ihrer ursprünglichen und wesensmäßigen Verwurzelung im Boden des Staates, gerichtet. Die griechische Wissenschaft, die griechische Kunst und das Idealbild des griechischen Menschen als einer in sich ausgewogenen Einzellebensgestalt waren der Kern ihres Anliegens. Die in diesen Schöpfungen lebenden und sie tragenden politischen Energien lagen außerhalb ihres Bildungswillens. So waren sie wohl als ein Gegenstand der wissenschaftlichen Altertumskunde in vieler Hinsicht bekannt, aber eine gestaltende Wirkung auf die deutsche Bildungsgeschichte ist von ihnen nicht ausgegangen. Demgegenüber ist es das vor allem anderen treibende Verlangen des politischen Willens der Gegenwart, das Wesen des griechischen Staates zu erschließen und den inneren Zusammenhang zwischen der Lebensform des griechischen Menschen und seiner Leistungen auf allen Lebensgebieten mit der Eingebundenheit in die politische Gemeinschaft für unser Bewußtsein fruchtbar zu machen. Je klarer wir unter dieser Blickrichtung den politischen Aufbau des Griechentums erfassen, um so deutlicher tritt vor uns hin, daß der große Versuch, in dem wir mitteninne stehen: auf der Grundlage eines staatlich geformten Volkstums ein geschlossenes nationales Gesamtleben zu schaffen, im griechischen Altertum – unter anderen Bedingungen und in anderen Formen, aber in dem entscheidenden Zuge einer politisch getragenen und politisch geformten einheitlichen Lebensganzheit in einer verwandten großen Gestalt – schon einmal verwirklicht war. Die politische Lebensordnung der Griechen rückt für uns daher in den Vordergrund einer neuen Auseinandersetzung mit der Antike. An ihrer Vergegenwärtigung erfahren wir eine Klärung und Steigerung des eigenen Bemühens.

Den Mittelpunkt alles Daseins in der Antike bildete der Staat. Der griechische Staat, die Polis, war der Inbegriff einer vollen und uneingeschränkten Lebensgemeinschaft, die um den Kern einer führenden Staatssiedlung die durch gemeinsame Herkunft und gemeinsames Schicksal miteinander verwachsenen Menschen einer Landschaft zu einem festgeschlossenen und allumfassenden Ganzen verband. Aus seinem Boden hatten alle persönlichen und gemeinschaftlichen Lebensäußerungen ihren Ursprung; ihre innere Einheit und lebendige Kraft wuchsen aus der Verwurzelung in der Polisgemeinschaft, und im Hinblick auf ihre Größe und Blüte wurden alle Taten und Werke geleistet. Diese politische Gebundenheit alles Lebens bestimmte auch das Dasein jedes einzelnen. Der Grieche war nicht ein sich selbst genügendes Individuum, sondern vor allem anderen Glied des größeren Gemeinschaftszusammenhangs. Polites war der Name des erwachsenen griechischen Mannes: d. h. Bürger der staatlichen Gemeinschaft zu sein und ihr mit seinem Leben zu dienen, war das Wesen seiner Bestimmung.

Die härteste und unbedingteste Schöpfung unter allen griechischen Staaten war der Staat der Spartaner. Während in den übrigen Staaten auf der Grundlage der alles beherrschenden und alles sich einordnenden Macht der Polis das Schwergewicht der Lebensverwirklichung in der Mannigfaltigkeit und dem Reichtum der vielfältigen menschlichen Leistungen und in der freien Bewegung und Entfaltung jeder persönlichen Eigenart lag, galt im spartanischen Staat mit äußerster Unbedingtheit als einziges oberstes Lebensgesetz: **die Selbstgestaltung und Unabhängigkeit der Staatsgesamtheit in einer straffen und strengen Ordnung der Gemeinschaft und in einem kämpferischen Selbstbehauptungswillen.** An Stelle der reichen Fülle und freien Beweglichkeit in den übrigen Staaten waren in einer unerhörten Konzentration alle Kräfte des Volkes auf dieses eine Ziel hin zusammengeschlossen. Hier gab es nur eine Leistung: den Dienst an der Größe und Ehre des Ganzen, und es herrschte nur eine einzige Form: die in diesem unbedingten staatlichen Willen geeinigte gleichförmige Mannschaft der Bürger. Träger dieses Ideals war ein Menschentum, dem die Heiligkeit der Gemeinschaft letzte Bestimmung war, das rückhaltlos und mit vollem Einsatz nach ihrem Gesetz lebte und das bis zur Hingabe seines Daseins im Kampf für ihre Geltung und Unversehrtheit eintrat.

Um diese Haltung in seinen Bürgern zur vollen Entfaltung zu bringen und zur Einheitlichkeit und Ausgeprägtheit eines festumrissenen, unerschütterlichen Typus zu erhärten, hat Sparta ein Erziehungssystem von einer Geschlossenheit und Formkraft geschaffen, wie es seitdem in der europäischen Welt nicht wieder entstanden ist. In ihm waren alle Möglichkeiten ergriffen und alle Kräfte in Bewegung gesetzt, um jeden einzelnen für sein ganzes Leben unverbrüchlich an die Staatsgemeinschaft zu binden. Hier ist der Staat nicht nur zum erstenmal als der alleinige Träger der Erziehung mit dem vollen Anspruch auf das Leben des Kindes aufgetreten, sondern er hat auch die gesamte Ausbildung der Jugend in einem allein von ihm getragenen und geleiteten Erziehungssystem, in der „Agoge", unabhängig von der Familie und allen anderen privaten Erziehungsgemeinschaften, in die Hand genommen. Der erzieherische Anspruch des Staates war in Sparta grundsätzlich allumfassend und unbegrenzt. Es gab keine Lebensrichtung, die allein dem freien Wachstum überlassen gewesen wäre, und keinen freien Lebensraum, der allein dem eigenen Ermessen und der individuellen Selbstgestaltung verfügbar geblieben wäre, und keine persönliche Eigenart, die um ihrer selbst willen eigene Geltung gehabt hätte, sondern das ganze Leben des Spartiaten in allen seinen Äußerungen wurde in den öffentlichen Zuchtordnungen geformt und auf den Dienst an der Gemeinschaft hin ausgerichtet. Der erzieherische Wille des Staates erfaßte das Kind mit dem Tage seiner Geburt, und nachdem im Jugendalter die Grundlagen des spartanischen Lebensideals zu der Festigkeit einer zweiten Natur ausgeprägt waren, entließ er auch den Mann nicht aus seiner Zucht, sondern sorgte weiterhin dafür, daß die Bereitschaft für das Ganze sich in ungebrochener Lebendigkeit erhielt, bis er seine Bestimmung erfüllt hatte und sein Leben im Dienst der Gemeinschaft beschloß. Die Staatserziehung beschränkte sich auch nicht allein auf das männliche Geschlecht, sondern umfaßte auch die Frauen. Sparta war der einzige Staat, der auch die Mädchen in eigenen öffentlichen Erziehungseinrichtungen in den Umkreis der allgemeinen Erziehung einbezog.

Es macht die Echtheit und Entschiedenheit dieser Haltung aus, daß es eine Gemeinschaft freier Männer war, die sich selbst der strengen Zucht unterwarf, und daß die Ursachen ihrer Entstehung in mehr begründet waren als in einem nur durch äußere Notwendigkeiten aufgenötigten Zwang oder in dem bloßen Willen zur Machterweiterung. Wohl hat eine grundlegende äußere Gegebenheit den Anlaß zu der Begründung der festen spartanischen Lebensordnung und zur Ausbildung des staatlichen Erziehungssystems gegeben. Die Gemeinschaft der Spartiaten war nur eine dünne Herrenschicht über dem breiten Unterbau unterworfener Volksgruppen. Sie konnten sich gegenüber dem Freiheitsdrang und der kriegerischen Tüchtigkeit der Untertanen in ihrer Führerstellung nur behaupten, wenn sie sich in einer geschlossenen Einheit und in stetiger Übung zusammenhielten. Darüber hinaus aber galt in Sparta das, was unerläßliche Bedingung der Selbsterhaltung war, als höchstes sittliches Ideal. Die Gestaltung des Lebens als eines fest gefügten gemeinschaftlichen Ganzen, die unbedingte Unterordnung alles Einzelnen unter das

Gesetz des großen Allgemeinen und der machtvolle Lebensaufschwung im Kampf sind letzte Wesenszüge des Spartanertums, die um ihrer selbst willen gelebt wurden. In ihnen verwirklichte sich ein höchster Daseinssinn, der sich in den kraftvollen und streng gebundenen Formen des dorischen Baustils wie in den festen und straffen Rhythmen der dorischen Musikweise ebensosehr seinen Ausdruck schuf wie in dem geschlossenen Bau des Staates und in der strengen Ordnung seiner Erziehungsgemeinschaften.

Auf der Allgewalt des macht- und gesetzbestimmten Gemeinschaftsprinzips beruhte die Einzigartigkeit und Größe der spartanischen Polis, mit ihr sind aber auch zugleich die Grenzen ihres Vermögens gegeben. Durch sie ist auf der einen Seite einer der geschlossensten Staaten der Weltgeschichte und einer der ausgeprägtesten politischen Menschentypen geschaffen. Auf der anderen Seite hatte diese äußerste Anspannung weitgreifende Beschränkungen und Verletzungen ursprünglichster und lebensnotwendiger Kräfte zur Folge und erzeugte Widersprüche in den Grundlagen des in seinem Aufbau so fest gefügten Ganzen. Der spartanische Volksboden war unüberbrückbar zerklüftet. Der Staat konnte seinen Voraussetzungen nach nicht der umfassende Willensträger eines ganzen Volkes sein, sondern er war nur die Machtorganisation einer kleinen Minderheit, die das Ganze mit Gewalt und Strenge zusammenhielt. Der ungeteilte Vorrang der kriegerischen Grundhaltung drängte alles Leben in eine einzige Richtung und ließ eine volle und gleichmäßige Entfaltung der Volkskräfte innerhalb der Staatsgemeinschaft nicht zu. Leistung und Ehre der wirtschaftlichen Arbeit galten so gut wie nichts. Ebenso hatte das kulturelle Schaffen in Sparta nur einen schmalen Raum. Das Bild des geistig stumpfen und gleichgültigen Spartiaten ist zwar eine Legende einer spartagegnerischen Tradition, aber die kulturelle Leistung beschränkte sich auf einen kleinen Bestand einfacher Gestaltungen des kriegerischen Ethos. Die eigene schöpferische Kraft blieb hinter den übrigen griechischen Staaten zurück, und an den großen Kulturschöpfungen der Antike in Kunst, Dichtung und Wissenschaft hatte Sparta kaum Anteil. Die alles überragende Macht der öffentlichen, vom Gesetz beherrschten Gemeinschaftsordnungen überwucherte die Ausbildung und innere Kraft der vielfältigen naturgewachsenen Gemeinschaftsbindungen, vor allem die vollständige Entfaltung der Familie; und die einförmige Gebundenheit alles Lebens ließ den Reichtum der individuellen Kräfte der Bürger und ihre freien Impulse für das Ganze unausgenutzt.

Die Blütezeit des spartanischen Staates ist von der politischen Welt unserer Gegenwart um mehr als zwei Jahrtausende getrennt, er ist nach Form und Wesen eine einmalige und unwiederholbare Schöpfung, und die Spannungen und Begrenzungen innerhalb seines Aufbaus zeigen ihn in mehrfacher Gegensätzlichkeit zu der werdenden Volksordnung unserer Tage. Aber über allen Abstand und über alle Trennungen hinweg sind die innersten Antriebe der spartanischen Gesinnung und die von ihr geschaffenen staatlichen und erzieherischen Ordnungen uns heute ganz unmittelbar nahe und gegenwärtig. Die Heiligkeit der Gemeinschaft, die Hingabe des einzelnen an ein großes Ganze, die Zucht des Lebens und der kämpferische Aufschwung haben in Sparta eine ihrer größten Verwirklichungen gefunden, die als ein gültiges Sinnbild und als ein bleibender Maßstab vor aller Geschichte stehen.

II

Der Ursprung des spartanischen Erziehungswesens liegt im Dunkel. In einigen ihrer Einrichtungen spiegeln sich älteste dorische Stammessitten aus der Voreinwanderungszeit wider. Die Verfassung der staatlichen Jugendformung als ein geschlossenes Ganzes führten sowohl die Spartaner selbst als auch die Geschichtsschreiber aus den anderen griechischen Staaten auf die Gesetzgebung des Lykurg zurück. Diese Verknüpfung der spartanischen Erziehungsorganisation mit dem Schaffen des Lykurg ist eine Legende, ebenso wie die Figur des Lykurg selbst mehr eine Erscheinung sagenhafter Erinnerung als eine Persönlichkeit der geschichtlichen Wirklichkeit ist. Trotzdem ist es sehr wohl möglich, daß sich hinter dem Namen Lykurg die Gestalt eines großen Staatsmannes verbirgt, der im Rahmen umfassender politischer Neuerungen auch die Jugenderziehung auf eine neue Grundlage stellte. Aber selbst wenn die Ausbildung des spartanischen Erziehungswesens der Tat eines einzelnen Mannes entscheidende Anstöße verdankt, so ist doch ihre vollständige Ausgestaltung in Wahrheit das Werk einer jahrhundertelangen Entwicklung, deren Anfang etwa in das neunte Jahrhundert v. Chr. zu setzen ist, und die während des vierten Jahrhunderts zu ihrem Abschluß kommt. Als ein allmählich sich vollendendes Werk einer langen Folge von Generationen hat sich aus dem Lebenswillen der Spartaner und aus geschichtlichen Notwendigkeiten heraus der Geist des spartanischen Gemeinwesens als das Leitbild der Jugenderziehung immer klarer und

schärfer herausgearbeitet und sind ihre Einrichtungen zu einem abge-
schlossenen Ganzen zusammengewachsen.

Der entscheidende Abschnitt in dieser Entwicklung ist die Zeit der
Messenischen Kriege während des letzten Drittels des siebenten Jahrhunderts. Durch heftige Aufstände der unterworfenen Messenier und
durch Kämpfe innerhalb der Bürgerschaft war der Bestand Spartas auf
das tiefste erschüttert. Aus dem Widerstand gegen diese Not erwuchs eine politische Selbstbesinnung, und aus der Anspannung und dem Zu-
sammenschluß aller Kräfte entstand der spartanische „Kosmos", die feste und einheitliche Lebensordnung, die alle Spartiaten unter dem strengen Gesetz der Gemeinschaft zu dem Korps einer kriegerisch-politischen Führerschicht zusammenschweißte. Im Zuge dieser großen Neuordnung bildete sich die spartanische Jungenderziehung in ihren bleibenden Grundformen aus. Das, was damals in der Zeit eines großen politischen Aufschwungs geschaffen wurde, hat späterhin mehrfache Zusätze und Wandlungen erfahren, in seinem Grundgerüst jedoch hat es
jahrhundertelang mit zäher Beharrlichkeit als die herrschende Ordnung
unverändert bestanden.

Zu seiner höchsten Blüte entfaltete sich dieses Erziehungssystem im
Sparta des fünften und vierten Jahrhunderts. Die großen Staatsführer
und Feldherren ebenso wie die namenlosen Kämpfer und Staatsdiener
aus der Zeit der Perserkämpfe und des Peleponnesischen Krieges sind
die lebendigen Zeugen seiner außerordentlichen Formkraft. Auch in den
späteren Zeiten des Verfalls gingen die überlieferten Erziehungssitten
nicht zugrunde. Die Agoge bestand noch, als Sparta bereits seine politische Selbständigkeit verloren hatte. Aber die alten Einrichtungen verloren je länger desto mehr an Geschlossenheit und innerer Lebendigkeit.
Der gesteigerte Lebenswille reich gewordener Adelsfamilien setze sich
immer mehr über den Geist der Selbstzucht hinweg und zerbrach die
allgemeine und unbedingte Geltung und die strengen Forderungen des
öffentlichen Erziehungssystems. Umgekehrt wurde vielfach im roman-
tischen Rückblick auf die große Zeit Spartas starr an Formen festgehalten, die den veränderten Notwendigkeiten einer neuen Zeit nicht mehr
genügen konnten.

Zu derselben Zeit, in der das mächtige Werk der spartanischen Men-
schenzucht innerhalb seiner eigenen Ursprungsstätte im Vergehen war,
erlebte es eine neue Blüte in den geistigen Bewegungen der Spätantike.
Philosophie und Staatslehre entdeckten damals die in dem spartanischen Erziehungssystem enthaltenen bleibenden Wesenskräfte der Ge-

meinschaftsgestaltung und Menschenformung und gliederten sie in ihre ethischen und politischen Lehren als tragende Bausteine ein. Von hier aus ist es in den geistigen Besitz der europäischen Völker übergegangen und hat in Zeiten politischer Erhebungen immer wieder eine mächtige anfeuernde und beispielhafte Wirkung ausgestrahlt.

III

Das Verlangen, die Welt der spartanischen Jugend und ihrer Erziehung wieder lebendig und zugänglich zu machen, ist nicht leicht zu erfüllen, weil die geschichtliche Überlieferung nur ein getrübtes und vielfach entstelltes Bild von Sparta hinterlassen hat. Die Quellen, welche die Erinnerung an die spartanische Erziehung aufbewahrt haben, sind zwar weder an Zahl gering noch arm an Inhalt, aber die Kenntnis, die sie vermitteln, ist bruchstückhaft, und vor allem das Bild, das sie malen, ist nicht eine einfache Abspiegelung der ursprünglichen spartanischen Einrichtungen, sondern eine von weitgehend verschiedenen Standpunkten her einseitig und widerspruchsvoll entworfene und gefärbte Zeichnung, die zu der echten Wirklichkeit Spartas in einem vielfach gebrochenen und schillernden Verhältnis steht.

Es kommen hier eine Reihe von Umständen zusammen, die bewirken, daß der Abstand der Quellen von der geschichtlichen Wirklichkeit für das spartanische Erziehungswesen ganz besonders groß ist. Einmal geht die geschichtliche Erinnerung nur in seltenen Ausnahmefällen auf einheimische Spartaner selbst zurück. Die meisten Berichte stammen von der Hand fremder Beobachter, die Sparta oft nur von einer lockeren Fühlungnahme her kannten, und deren Blick von den Maßstäben ihrer fremden Herkunft her befangen war. Ferner umfassen die Nachrichten über Sparta der Zeit ihrer Niederschrift nach fast ein ganzes Jahrtausend. Von ihnen sind nur wenige gleichzeitig mit der Entstehung und der Blüte der Erziehungseinrichtungen aufgezeichnet, die Mehrheit entstand in großem zeitlichen Abstand angesichts später Zustände oder stützte sich bei nur geringer oder gar mangelnder eigener Anschauung vorwiegend auf die Berichte einer bereits vorangegangenen Überlieferung. Vor allem aber: fast die gesamte Berichterstattung über Sparta ist nur zu einem geringen Teil das Ergebnis einer unbefangen darstellenden Geschichtsschreibung; weit mehr ist sie der Niederschlag heftiger politisch und weltanschaulich bestimmter Kämpfe um den Wert der spartanischen Lebensform: Sparta wurde niemals als ein gleichartiges und unumstrittenes Gebilde neben den anderen Staaten in der griechischen Gesamtwelt empfunden. Durch die Eigenart seiner Staatsgesinnung und die ausgeprägte Besonderheit seiner Lebensordnungen forderte es die anderen Griechen während der ganzen Zeit seines Bestehens zu einer ständigen, von heftigen Leidenschaften getragenen Auseinandersetzung auf. Diese Kämpfe klingen auf das lebhafteste in der geschichtlichen Überlieferung nach und machen die Nachrichten über Sparta so schillernd und widerspruchsvoll. Die Berichte über spartanische Zustände haben entweder Befremden, Abneigung und Haß zum Ursprung, oder sie sind aus Anerkennung, Bewunderung und dem Willen zur Nachahmung geboren. Während zunächst zur Blütezeit der demokratischen Staatswesen die Kritik an der strengen Gebundenheit und Einförmigkeit des spartanischen Lebens die Vorhand hatte, schlug in den späteren Jahrhunderten die Stimmung um und setzte sich die Bewunderung seines Erziehungswesens als eine weitverbreitete Überzeugung durch. In dem Maße, in dem die Demokratien entarteten, entstand eine philosophisch-politische Gegenbewegung, die dem auflösenden Individualismus den Gemeinschaftsgeist Spartas entgegenstellte, die die spartanischen Einrichtungen zu Musterbeispielen der politischen Neuordnung erhöhte und die Wesenszüge der spartanischen Lebenszucht zu Prinzipien einer philosophisch konstruierten Sittlichkeit umformte. Plato gab das erste große und lange nachwirkende Beispiel der Einordnung spartanischer Sitte in die Staats- und Erziehungslehre. Dieser Sparta-Begeisterung der Spätzeit verdanken wir einerseits den großen Reichtum an Berichten über spartanische Zustände, die ohne sie niemals zustande gekommen wären; anderseits ist durch ihre umgestaltende Arbeit vieles von dem ursprünglichen Charakter der spartanischen Wirklichkeit verhüllt worden.

So steht unser Wissen um Sparta auf einem vielfach schwankenden Boden: Es ist im ganzen ein aus zahlreichen kleinen verschiedenartigen, verschiedenfarbigen und verschiedenwertigen Mosaiksteinen zusammengesetztes Bild. Aber wenn auch dadurch die Erkenntnis erschwert ist, so ist doch der Wirklichkeitsgehalt der Quellen damit keineswegs völlig aufgelöst oder in Frage gestellt. Die geschichtliche Erinnerung enthält einen echten und fraglosen Kern des ursprünglichen spartanischen Lebens. Wie weitgehend wir mit guter Gewißheit von diesem Wirklichkeitsgehalt der Überlieferung überzeugt sein können, ist vor allem daraus ersichtlich, daß die Quellen bei allem Unterschied der Stand-

punkte und bei aller zeitlichen Entfernung der einzelnen Schreiber voneinander die wichtigsten Tatsachen des spartanischen Jugendlebens und
seiner Erziehungssitten überall als ein und dieselben erscheinen lassen.
Über diese bestehen nicht nur keine wesentlichen Widersprüche, sondern sie gehen als bleibendes und einheitliches Grundgerüst durch das
ganze vielgestaltige Dokumentenmaterial hindurch. Es kommt hinzu,
daß der Ursprung des überlieferten Spartabildes aus dem Streit der Parteien für oder gegen die spartanische Lebenshaltung nicht nur ein Mo-
ment der Unsicherheit ist. Haß und Liebe machen das Urteil zwar einseitig, aber nicht blind, sondern sie schärfen auch seine Hellsichtigkeit
und Eindringlichkeit. Die Wesenszüge der spartanischen Erziehung erscheinen uns daher zwar immer nur in Wertungen und Umformungen
eingekleidet und verschleiert; dafür sind sie aber auch von allen Seiten
her mit einer Schärfe und Lebendigkeit ergriffen, wie sie ohne dieses innere Beteiligtsein nicht möglich wäre.[1]

Um bei diesem Zustand der Quellen Schein und Wirklichkeit voneinander scheiden zu können und zu einem möglichst echten Bilde zu kommen, ist es wichtig, sich beim Lesen der einzelnen Dokumente ihrer verschiedenen Bedingtheiten und Ungewißheiten klar bewußt zu sein. Vor
allem wird man darauf achten müssen, scharf zu unterscheiden zwischen dem eigentlichen Tatsachenkern an Einrichtungen, Sitten, gesetzlichen Bestimmungen und Begebenheiten der spartanischen Erziehung
und den zahlreichen Deutungen, Erklärungen, geschichtlichen Ablei-
tungen, Wertungen und konstruktiven Umformungen, die an sie ange-
schlossen werden. Die Tatsachen sind weitgehend richtig beobachtet
und entsprechen dem spartanischen Jugendleben der Vergangenheit.
Die Erläuterungen und Erklärungen in den alten Berichten sind Zutaten
der Verfasser. Sie sind zwar keineswegs ohne jede Aufschlußbedeutung,
aber ihr Erkenntniswert ist ungewiß und muß in jedem Fall erst kritisch
festgelegt werden. Wer von diesem schlichten Tatsachenbestand aus-
geht und von ihm aus dazu fortschreitet, sich unbefangen in die inneren
Impulse der einzelnen Gegebenheiten und Einrichtungen und in ihre
Verknüpfung und ihren Zusammenhang miteinander einzuleben, der
wird sich nicht mit dem zunächst vorliegenden ungewissen Scheinbild
zu begnügen brauchen, sondern wird tief in das wirkliche Leben der
spartanischen Jugend und ihrer Erziehungsordnungen eindringen, und
dem wird auch die scheinbar auseinanderfallende Vielheit des Einzelnen zu der überzeugenden Geschlossenheit eines von einem einheitlichen Geist getragenen großen Erziehungssystems zusammenwachsen.

Quellentexte

1. Die spartanische Lebensordnung

Leben und Erziehung der Jugend in Sparta erschließen sich nur von ihrem Ursprung und ihrer Verwurzelung in der vollen Wirklichkeit des gesamten spartanischen Gemeinwesens. Der erste Schritt in die Welt der Jugend ist daher die Vergegenwärtigung der Grundelemente der spartanischen Lebensordnung.

I
Der Geist des Ganzen

„Lykurg gewöhnte seine Mitbürger so, daß sie ein abgesondertes Privatleben weder kannten noch wünschten, sondern daß sie wie die Bienen sich immer an das Ganze hielten, um ihren König sich zusammendrängten, aus Enthusiasmus und Ehrbegierde sich gleichsam selbst vergaßen und nur allein für das Vaterland lebten."[2]

„Keiner durfte nach seinem Gutdünken leben; einem jeden war wie in einem Lager eine bestimmte Lebensart und seine Beschäftigung für das gemeine Beste vorgeschrieben, und jedermann, wes Alters er auch sein mochte, glaubte, daß er nicht sich selbst, sondern dem Vaterland angehöre."[3]

„Denn das ist ja das schönste und sicherste, wenn viele sich einer Ordnung einfügen."[4]

II
Die staatliche Ordnung

Die politische Organisation, in der sich der spartanische Gemeinschaftsgeist verkörperte, war ein Staat, der mit starker Autorität alle Lebensäußerungen ord-

15

In der fruchtbaren Eurotasebene erwuchs nach dem Ende der mykenischen Epoche, zu Beginn des 1. Jahrtausends v. Chr., der Staat der Lakedämonier als Folge der Dorischen Wanderung. Das Bild zeigt den neuzeitlichen Ort um 1900 mit dem Taygetos-Gebirge im Hintergrund.

nend erfaßte und zu einer festen Einheit zusammenschloß. Die Träger des Staates waren allein die Spartiaten, die Nachkommen der alten nordrassischen dorischen Einwanderer. Diese herrschten als ein Verband adliger Männer über das Ganze. Die übrigen Bewohner waren dieser Ordnung als dienende Stände in verschiedenen Stufen der Abhängigkeit eingegliedert: die Periöken als eigentumbesitzende, aber politisch rechtlose, freie Untertanen und die Heloten als besitzlose und unfreie Hörige.

Die Spitze der Staatsgewalt bildete ein *Doppelkönigtum*, unter dem jeweils die Vertreter aus zwei selbständigen Herrscherfamilien miteinander regierten:

„Folgende Ehrenrechte haben die Spartaner ihren Königen gegeben. Zwei Priesterschaften des lakedämonischen Zeus und des himmlischen Zeus; Krieg können sie führen, gegen welches Land sie wollen, und darin darf ihnen kein Spartaner hinderlich sein, sonst ist er in Bann und Acht; und wenn sie zu Felde ziehen, sind die Könige die ersten zum Kampfe und die letzten bei der Heimkehr; hundert auserlesene Männer machen ihre Wache im Heer; Vieh können sie auf ihren Kriegszügen mitnehmen, so viel sie wollen; von allem was geschlachtet wird, bekommen sie die Haut und den Rücken! Das ist im Krieg. Im Frieden aber haben sie folgende Rechte: Wenn ein öffentliches Opfer gebracht wird, haben die Könige den Vorsitz beim Mahl, ihnen wird zuerst gereicht, und sie bekommen von allem noch einmal soviel als die übrigen Gäste, sie spenden den Göttern zuerst, und ihnen gehört die Haut der geopferten Schafe; am ersten und am siebenten Tage in jedem Monat bekommt jeder von ihnen ein vollkommenes Opfertier in den Tempel des Apollon geliefert, samt einem Medimos Mehl und einem lakonischen Viertel Wein; bei allen Spielen haben sie den Vorsitz an einem besonderen Platz; ihnen kommt es zu, wen sie von den Bürgern wollen, zu Ehrenwirten ernennen⁵; auch kann jeder sich zwei Pythier wählen, das sind Gesandte an den Gott zu Delphi, die auf öffentliche Kosten mit den Königen speisen; ... sie bewahren die Weissagungen, die sie bekommen, doch wissen auch die Pythier darum. Die Könige richten über folgendes allein: darüber, wen eine Erbtochter bekommen soll, wenn nämlich ihr Vater sie nicht schon verlobt hat, und über die öffentlichen Straßen; und, wenn einer jemanden Sohnes Statt annehmen will, so muß er es vor den Königen tun; sie sind Beisitzer im Rat der Ältesten – die sind ihrer achtundzwanzig –, und wenn sie nicht kommen, haben die nächsten Verwandten in der Sitzung der Ältesten das Vorrecht der Könige, diese haben dann zwei Stimmen und eine dritte für sich."⁶

Als leitende Behörde neben den Königen stand der Rat der Alten, die *Gerusia*:

„Die erste und wichtigste unter den von Lykurg geschaffenen neuen Einrichtungen war die Stiftung eines Rates der Alten, der, wie Plato sagt, die Wohlfahrt und Ruhe des Staates vorzüglich beförderte, da er mit der übermäßigen Macht der Könige vermischt und dieser an Rechten gleich gemacht wurde. Denn die Verfassung, die sonst hin und her geschwankt und sich halb auf die Seite der Könige zur willkürlichen Gewalt, bald auf die Seite des Volkes zur Demokratie geneigt hatte, bekam jetzt an der Macht des Senats eine feste Stütze, die alles im Gleichgewicht hielt und die sicherste Ruhe und Ordnung bewirkte. Die 28 Ältesten schlossen sich jedesmal den Königen an, wenn es nötig war, der Volksgewalt entgegenzuarbeiten, und ebenso traten sie auf die Seite des Volks, wenn die königliche Gewalt in Tyrannei auszuarten drohte...

Zu Mitgliedern des Rats hatte Lykurg anfänglich diejenigen gewählt, die ihm zur Ausführung seines Unternehmens behilflich waren; später aber verordnete er, daß die Stelle eines Verstorbenen jedesmal mit ei-

nem über sechzig Jahre alten Mann, den das Volk für den vortrefflich-
sten erklären würde, besetzt werden sollte. Dies schien nun der wichtigste und ehrenvollste Wettstreit zu sein, den Menschen jemals angestellt
haben. Denn hier kam es nicht darauf an, wer unter Schnellen der
schnellste, und unter Starken der stärkste wäre, sondern unter weisen,
tüchtigen Männern solle der weiseste und tüchtigste ausgewählt werden, und diesem war als Siegespreis seines rühmlichen Lebenswandels
die höchste Gewalt im Staat und die Macht über Leben und Tod, Ehre
und Schande seiner Mitbürger, kurz über die wichtigsten Dinge bestimmt."[7]

Die Gesamtheit der Spartiaten wirkte in der *Volksversammlung* aller freien
Männer an der Staatsregierung mit: Die Aufgaben der Volksversammlung waren
nach einer altertümlichen Weisung, die auf ein Orakel aus Delphi zurückgeführt
wurde, geregelt:

„... Wenn du einen Rat von Dreißig zusammen mit den Häuptern eingesetzt hast ..., dann versammle das Volk von Zeit zu Zeit zwischen Ba-
byka und Knaktion. Du schlägst vor und entläßt, aber dem Volk gehört
das Recht, zu bestätigen oder zu verwerfen. In diesem Orakel sind unter den Häuptern die Könige zu verstehen, und das Volk versammeln
heißt Appellazein, weil Lykurg die Ursache und Veranlassung dieser Einrichtung dem pythischen Apollo zuschrieb. Nach Aristoteles war Baby-
ka eine Brücke und Knakion ein Fluß. Zwischen beiden hielten die Lakedämonier ihre Versammlungen ab, an einem Orte, wo weder bedachte Gänge noch andere Prachtgebäude waren. Denn Lykurgos glaubte,
daß dergleichen Dinge, die die Versammelten zu sehr zerstreuen und
mit eitlen und unnützen Vorstellungen beschäftigen, bei Beratungen
mehr schädlich als nützlich wären, weil da jeder seine Aufmerksamkeit
nur auf die Statuen, die Gemälde, die Vorhallen der Theater oder die
prächtig gezierten Decken der Rathäuser richtet.[8] Wenn das Volk versammelt war, durfte niemand als der Senat und die Könige etwas in Vor-
schlag bringen; dem Volk aber kam es zu, die von jenen gemachten Vor-
schläge zu bestätigen oder zu verwerfen. Als späterhin das Volk die Rats-
beschlüsse durch Zusätze oder Auslassungen verdrehte oder verfälsch-
te, fügten die Könige Polydoros und Theopompos zu jener Rhetra[9] noch
folgendes hinzu: ,Wenn aber das Volk einen verdrehten Beschluß annehm-
men sollte, sollen die Alten und die Häupter abfallen', das heißt, es nicht
bekräftigen, sondern sich entfernen und das Volk gleich auseinanderge-

hen lassen, weil es den Ratsbeschluß zum Nachteil des Staats verdreht oder geändert hat."[10]

Die mächtigste Behörde im Staat, die eigentliche Verkörperung der Geschlossenheit und der Tradition des Staatswillens waren die *Ephoren*, eine Körperschaft aus fünf Männern, die neben den Königen und den beiden Vertretungen der Spartiatengemeinde ein oberstes Aufsichtsrecht und eine übergeordnete Vollmacht ausübten:

„Die Behörde, die den Staat zusammenhält", waren die Ephoren.[11]

„Die Ephoren haben Vollmacht, zu bestrafen, wen sich wollen, und sie sind berechtigt, die Strafen auf der Stelle zu vollziehen; sie können auch diejenigen, welche Ämter bekleiden, während ihrer Amtsdauer absetzen, ins Gefängnis werfen und auf Leben und Tod in Anklage versetzen. Da sie so große Gewalt haben, so lassen sie die jedesmal Gewählten nicht wie in den anderen Staaten das volle Jahr hindurch ihr Amt nach belieben bekleiden, sondern wie die Herrscher und die Vorsteher in den körperlichen Wettkämpfen strafen sie sogleich auf der Stelle, wenn sie in Erfahrung bringen, daß einer in etwas gegen die Gesetzte gehandelt hat ..."[12]

„Alle Monate legen Ephoren und Könige einander einen Schwur ab, die Ephoren im Namen des Staates, der König aber für sich selbst. Der Eid des Königs ist, das er nach den bestehenden Gesetzen des Staates die Herrschaft führen wolle; der von der Seite des Staates, daß man, wenn er seinen Schwur halte, sein Königtum unangetastet lassen werde."[13]

„An den Feldzügen nehmen zwei Ephoren mit teil ..., die sich zwar nicht in die Geschäfte mischen, wenn der König sie nicht ausdrücklich heranzieht, die aber, indem sie sehen, was jeder tut, naturgemäß alle in Ordnung halten ..."[14]

III
Die innere Ordnung

Der innere Zusammenhalt Spartas hatte seine Grundlage in einer Besitzordnung des Grund und Bodens, die eine soziale Gleichheit und wirtschaftliche Unabhängigkeit für alle Spartiaten schuf, und in einer Zusammenfassung der Männer in genossenschaftlichen Bünden, die alle Bürger zu einem gemeinsamen und einheitlichen Leben vereinigte.

Die Spartiaten waren eine Gemeinschaft ländlicher Grundbesitzer. Die Vertei-
lung des Ackerlandes war so geordnet, daß alle Vollbürger Landgüter (Klaroi) besaßen, die gleich groß waren und über die der Staat eine Art Obereigentum hatte. Die Landgüter waren unteilbar und unverkäuflich und durften nur innerhalb
der Spartiaten selbst vererbt werden. Diese Bodenordnung schuf die äußeren Voraussetzungen für den dauernden Bestand einer politisch leistungsfähigen Führerschicht. Sie versorgte jeden Spartiaten mit den notwendigen Lebensgütern, sie
begründete seine wirtschaftliche Unabhängigkeit, sie sicherte den Bestand der
Familien durch die Generationen hindurch, und sie war ein fester Schutz für die
bleibende Einheit des ganzen Standes, indem sie durch die Gleichwertigkeit der
einzelnen Güter das Aufkommen von Spaltungen und Gegensätzen unmöglich
machte.

„Die gewagteste Einrichtung Lykurgs war die Landverteilung. Es
herrschte nämlich damals in Sparta eine außerordentliche Ungleichheit.
Eine Menge dürftiger und armer Leute fiel dem Staat zur Last, während
der Reichtum in einigen wenigen Familien zusammenfloß, woraus
nichts als Übermut, Neid, Betrug und Schwelgerei entstand. Um diese
und die noch weit größeren und wichtigeren Gebrechen des Staates,
Reichtum und Armut, gänzlich zu verbannen, beredete er die Bürger, alle ihre Ländereien herzugeben, sie aufs neue verteilen zu lassen und in
völliger Gleichheit und Gemeinschaft der Güter miteinander zu leben,
so daß sie bloß in der Tüchtigkeit einen Vorzug suchten, und daß er für
den Mann siebzig Medimnen[15] Gerste, für die Frau zwölf und eine ver-
hältnismäßige Menge an flüssigen Früchten abwarf. So viel glaubte er,
daß zu ihrem Unterhalt hinreichend wäre, und daß sie, um gesund und
kräftig zu bleiben, weiter nichts bedürften. Man erzählt, daß Lykurg einige Zeit nachher, als er nach der Rückkehr von einer Reise während der
Ernte durch das Land zog und die völlig gleichen Getreidehaufen neben-
einander liegen sah, zu den Umstehenden lächelnd gesagt habe, ganz
Lakonien scheine ein Feld zu sein, das viele Brüder erst vor kurzem unter sich geteilt hätten."[16]

Der Mittelpunkt männlichen Lebens in Sparta waren nicht die privaten Bindungen von Familie und Beruf, sondern die öffentlichen Korporationen der Männer-
gemeinschaften, die sogenannten Phiditien oder Syssitien. Die spartanische Gesellschaft war gegliedert in eine Reihe kleiner Gemeinschaften, die in verpflich-
tender Sitte eine Schar von Männern zu gemeinsamen Mahlzeiten, gemeinsamen
Übungen und gemeinsamer Geselligkeit zusammenfaßten. Diese bündischen Ge-

nossenschaften der vollbürtigen Männer waren der Boden für das Wachstum und die Einheit der inneren Kräfte des spartanischen Lebens:

„Um aber die Üppigkeit noch besser zu bekämpfen und das Trachten nach Reichtum völlig auszurotten, ordnete er die dritte und trefflichste Maßregel an, nämlich die gemeinschaftlichen Mahle. Dieser zufolge mußten alle Bürger zusammenkommen und vereint die vorgeschriebenen Speisen und Gerichte essen; keiner aber durfte zu Hause für sich auf kostbaren Polstern und Tischen speisen oder sich nach Art gefräßiger Tiere im Finstern aus der Hand der Köche oder Zuckerbäcker mästen lassen und mit den Sitten zugleich den Körper verderben, welcher dadurch leicht einen Hang zu jeder Ausschweifung und Völlerei bekommt und nun eines langen Schlafes, warmer Bäder, vieler Ruhe und sozusagen einer täglichen Krankenpflege bedarf. Dies war schon wichtig genug, aber noch wichtiger war es, daß er, um mit Theophrast zu reden, dem Reichtum allen Wert nahm und ihn durch die Gemeinschaft der Mahlzeiten und die einfachste Kost zur Armut machte. Denn nun konnte man das prächtigste Hausgerät weder brauchen noch genießen, ja nicht einmal sehen und andere es sehen lassen, da Reiche und Arme zu derselben Mahlzeit hingehen mußten. So war Sparta die einzige Stadt in der Welt, wo das bekannte Sprichwort zutraf, der Reichtum sei blind und liege wie ein Gemälde leblos und unbeweglich da. Denn es durfte niemand vorher zu Hause essen und gesättigt zum gemeinschaftlichen Tische kommen, die übrigen gaben genau auf den acht, der nicht mit ihnen aß und trank, und schalten ihn einen gierigen Menschen, dem die gemeinschaftliche Kost zu schlecht wäre ... Diese gemeinschaftlichen Mahlzeiten hießen ... Phiditia ... Es kamen gewöhnlich fünfzehn Personen zusammen, bisweilen einige mehr oder weniger. Jeder Tischgenosse trug monatlich einen Medimnos Gerstenmehl, acht Choen Wein, fünf Minen Käse, drittehalb Minen Feigen und zum Ankauf der Zukost ein wenig Geld bei.[17] Außerdem schickte derjenige, der ein Erstlingsopfer brachte, oder auf der Jagd glücklich gewesen war, seiner Tischgesellschaft ein Stück Fleisch, denn wer sich bei einem Opfer oder auf der Jagd verspätet hatte, durfte zu Hause speisen, aber die anderen mußten alle gegenwärtig sein. Auf diese gemeinschaftlichen Speisen hielt man lange mit der größten Strenge. So wollte einmal der König Agis nach seiner Rückkehr aus einem Feldzug, in welchem er die Athener besiegt hatte, gern mit seiner Gemahlin speisen und seinen Anteil von der Mahlzeit holen; aber die Polemarchen schickten ihm denselben nicht, und da er am folgenden Tage das gewöhnliche Opfer nicht brachte, legten sie ihm dazu noch eine Strafe auf. ...

Über den, der Mitglied einer Tischgesellschaft werden wollte, wurde, wie man sagt, auf folgende Weise abgestimmt: Jeder von den Tischgenossen nahm ein Stück Brot in die Hand und warf es stillschweigend wie einen Wahlstein in ein Gefäß, das ein Aufwärter auf dem Kopfe trug. Wer in die Aufnahme willigte, warf das Brot hinein, wie es war, wer sie aber verweigerte, drückte es vorher mit der Hand zusammen. Dies zusammengedrückte Brot galt für einen durchbohrten Wahlstein, und wenn nur ein einziges solches Stück im Gefäße gefunden wurde, so durfte der, welcher sich gemeldet hatte, nicht aufgenommen werden, weil man wünschte, daß die ganze Gesellschaft vergnügt beisammen sein sollte. Von dem, der auf diese Weise ausgeschlossen wurde, pflegte man zu sagen: er ist kaddiert worden, weil das Gefäß, in das sie das Brot warfen, Kaddos hieß.

Unter allen Gerichten war bei ihnen die sogenannte schwarze Suppe am meisten beliebt, so daß die Älteren gar kein Fleisch genossen, sondern es den Jüngeren überließen und sich bloß an diese Suppe hielten ... Wenn sie mäßig getrunken hatten, gingen sie ohne Leuchten nach Hause. Denn sie durften weder bei dieser noch bei einer anderen Gelegenheit mit einem Licht gehen, damit sie sich gewöhnten, in finsterer Nacht unerschrocken und ohne Furcht zu wandern. So verhält es sich mit der Anordnung der gemeinschaftlichen Mahlzeiten."[18]

Die Bodenordnung und die Einrichtung der Männergenossenschaften als der Hauptstützen einer unerschütterlichen Geschlossenheit der spartanischen Bürgerschaft wurden ergänzt durch Bestimmungen über den beweglichen Besitz und den Lebensaufwand. Sie verhinderten das Aufkommen trennender Unterschiede und verpflichteten jeden Bürger zu einfacher und genügsamer Lebensführung:

„Nun nahm er [Lykurg] sich vor, die bewegliche Habe ebenso zu verteilen und dadurch die Ungleichheit vollends zu tilgen; aber als er merkte, daß die Bürger, wenn man ihnen diese geradezu wegnähme, leicht unwillig werden könnten, schlug er einen anderen Weg ein und suchte die Habsucht in solchen Dingen durch politische Maßregeln zu überwinden. Zuerst schaffte er alle Gold- und Silbermünzen ab und führte an deren Stelle den Gebrauch der eisernen Münze ein, der er bei der großen Schwere und Masse einen so geringen Wert gab, daß schon eine Summe von 10 Minen zum Aufbewahren im Hause eine eigene Kammer und

zum Fortschaffen einen zweispännigen Wagen erforderte. Als diese
Münze in Umlauf kam, verschwanden auf einmal eine Menge Verbre-
chen aus Lakedämon. Denn wer mochte nun wohl stehlen, sich beste-
chen lassen, rauben oder betrügen, um einer Sache willen, die sich nicht
verbergen ließ, deren Besitz nicht glücklicher machte, und die, auch
wenn sie in Stücke geschlagen wurde, nicht den geringsten Nutzen
brachte! Denn Lykurg ließ das Eisen glühend in Essig tauchen und ihm
dadurch die Härte nehmen, so daß es zu jedem anderen Gebrauch un-
tauglich wurde.

Sodann verwies er aus Sparta alle unnützen und überflüssigen Künste,
von denen wohl die meisten schon von selbst, ohne daß man sie verbannte, zugleich mit der abgesetzten Münze würden verschwunden
sein, da Kunstwerke keinen Absatz mehr fanden; denn die eiserne Münze ließ sich nicht in andere griechische Länder bringen, wo sie verspot-
tet wurde und gar keinen Wert hatte. Daher gab es auch in Sparta keinen
Handel mit fremden Artikeln, kein Handelsschiff kam in die spartanischen Häfen; ebensowenig betrat die Grenzen Lakoniens ein Sophist, ein
herumziehender Wahrsager, ein Dirnenhändler oder ein Verfertiger gol-
dener und silberner Zierate, weil da kein Geld zu holen war. Auf solche
Weise mußte die Üppigkeit, da ihr nach und nach Zunder und Nahrung
entzogen wurde, von selbst absterben, und die Reichen hatten nun keinen Vorzug mehr, weil Pracht und Reichtum sich nicht öffentlich zeigen
konnten, sondern als eine unbrauchbare Sache im Hause verborgen lagen. Daher kam es auch, daß die alltäglichen und unentbehrlichen Ge-
räte, wie Betten, Stühle, Tische, dort aufs allerbeste verfertigt wurden ...
Auch dies war ein Verdienst des Gesetzgebers; denn da die Künstler mit
keinen unnützen Arbeiten beschäftigt waren, konnten sie ihre Geschicklichkeit um so besser an den notwendigen zeigen."[19]

„Eine andere Verordnung wieder war gegen die Prachtliebe gerichtet
und bestimmte, daß in jedem Hause die Decke nur mit der Axt, die Tü-
ren aber nur mit der Säge und mit keinem anderen Werkzeug gearbeitet sein sollten. Was später Epaminondas von seinem Tisch gesagt haben
soll – eine solche Mahlzeit gestatte keine Verräterei –, das hat Lykurg zuerst eingesehen, daß ein solches Haus keine Pracht und keine Üppigkeit
fassen könne. Niemand ist doch wohl so unverständig und geschmack-
los, daß er in ein einfaches, gewöhnliches Haus Tischbetten mit silber-
nen Füßen, purpurne Polster, goldene Becher und anderen dazugehöri-
gen Prunk schaffen sollte; nein, dem Hause muß das Tischbett, dem
Tischbett die Kleidung und dieser der übrige Hausrat entsprechen und

angemessen sein. Man war auch in Sparta so sehr daran gewöhnt, daß Leotychides der Ältere, als er einst in Korinth speiste und die Decke des Saales auf das prächtigste verziert und getäfelt fand, seinen Wirt fragte, ob denn hierzulande das Holz viereckig wüchse."[20]

IV
Die Pflichten des Spartiaten

Der Lebensinhalt des Spartiaten war der politische und kriegerische Dienst für die Unabhängigkeit, Wohlfahrt und Ehre des Staates.

Die volle Erfüllung dieser Bestimmung hatte zur Voraussetzung, daß sich der Spartiat mit allen Kräften den politischen Pflichten hingeben konnte und sich nicht in persönlichen Interessen und anderen Beschäftigungen verausgabte und zersplitterte. Dieser Notwendigkeit diente das Verbot der Erwerbsarbeit. Kein Spartiat durfte sein Landlos selbst bestellen oder irgendeinem Gewerbe nachgehen. Die Beschaffung der Wirtschaftsgüter lag allein in der Hand der von allem Einfluß auf den Staat ausgeschlossenen Unterklassen. Die Landgüter wurden von den Heloten bestellt, die als Hörige zu jedem Besitz gehörten; für den übrigen Bedarf sorgten die Periöken.

„Denn dies war einer der großen und herrlichen Vorteile, welche die Spartaner Lykurg verdankten, daß sie immer Muße hatten, weil sie durchaus keine Künste oder Handwerke treiben durften. Auch der Gelderwerb, der sonst so viel Mühe und Anstrengungen kostet, fiel hier gänzlich weg, weil das Geld ganz wertlos war. Das Land aber bauten die Heloten, und sie mußten davon bestimmte Abgaben entrichten. Einst befand sich ein Spartaner in Athen, während gerade Gericht gehalten wurde; als er hörte, daß ein Bürger als Müßiggänger bestraft worden war und in Begleitung seiner Freunde, die ihn beklagten, sehr traurig nach Hause ging, bat er die Umstehenden, sie möchten ihm doch den Mann zeigen, der der Freiheit wegen in Strafe verfallen wäre. Für so niederträchtig hielten sie die auf die Künste und den Gelderwerb gerichtete Mühe.[21]

„Entgegengesetzt ferner den übrigen Griechen hat Lykurg auch folgende gesetzliche Bestimmung in Sparta getroffen. In den anderen Staaten nämlich bereichern sich alle, soviel sie können, durch Arbeiten. Der eine baut das Land, ein anderer beschäftigt sich mit Schiffahrt, ein dritter treibt Handel, und wieder andere nähren sich vom Handwerk. In

Sparta aber untersagte Lykurg den freien Männern, irgend etwas zu betreiben, das auf Gewinn abzielte. Was dagegen den Staaten Freiheit verschaffe, das, gebot er, sollten sie allein als ihre Beschäftigung betrachten."[22]

Die durch die Entlastung von jeder Sorge um den Lebensunterhalt in voller Freiheit verfügbaren Kräfte des Mannes gehörten im Frieden der Übung der körperlich kriegerischen Tüchtigkeit, dem Dienst in den staatlichen Ämtern, der Pflege der musischen Künste und der Geselligkeit in den Männerkameradschaften:

„Wenn sie nicht im Felde lagen, brachten sie alle ihre Zeit mit Chören, Feierlichkeiten und Gastmählern oder auch mit der Jagd und mit dem Besuch der Übungsplätze und Leschen[23] hin ... sie mußten den größten Teil des Tages auf den Übungsplätzen und in den sogenannten Leschen zubringen. Hier kamen sie zusammen und vergnügten sich untereinander auf eine passende Art, ohne im geringsten von Geld- oder Marktgeschäften zu sprechen. Ihr liebster Zeitvertreib dort war, rühmliche Taten zu loben oder schändliche mit Scherz und Lachen zu tadeln, wodurch unvermerkt Besserung und Zurechtweisung bewirkt wurde."[24]

Die höchste Erfüllung des spartanischen Mannes, in der alle seine Tugenden und Fähigkeiten zum vollen Einsatz kamen, war der Dienst im Kriege:

„Wenn aber jemand erfahren will, was Lykurg auch in Beziehung auf das Heerwesen besseres als die anderen Griechen geschaffen hat, so kann er auch dies hören:
Zuerst machen die Ephoren die Jahre bekannt, bis zu denen sie ins Feld ziehen müssen, den Reitern sowohl als den Schwerbewaffneten, dann auch den Handwerkern, so daß die Lakedämonier an allen Menschen, die in der Stadt gebraucht werden, auch im Heere Überfluß haben. ...
In Beziehung auf den Kampf mit den Waffen führte er folgendes ein: sie sollten ein rotes Kleid und einen ehernen Schild tragen, weil er glaubte, diese Tracht habe am wenigsten mit der weiblichen gemein und sei am kriegerischsten, denn sie läßt sich am schnellsten glänzend machen und wird am langsamsten schmutzig. Auch erlaubte er denjenigen, die über das Jünglingsalter hinaus sind, das Haar wachsen zu lassen, überzeugt, daß sie auf diese Weise größer und eines Freien würdiger

und auch schrecklicher aussehen. Von den so Ausgerüsteten machte er Moren [Abteilungen], sechs von Reitern sowohl als von Schwerbewaffneten. Jede der aus Bürgern bestehenden Moren hat einen Polemarchen [Kriegsobersten], vier Lochagen [Hauptleute], acht Pentekosteren [Unterhauptleute], sechzehn Enomotarchen [Rottenführer]. Von den Moren werden auf Befehl Unterabteilung gebildet, bald je drei, bald je sechs ... Es sind in der Lakedämonischen Schlachtordnung die Flügelmänner Anführer, und jede Reihe ist mit allem ausgerüstet, was sie braucht ... Jene haben den Auftrag, anzuführen, den übrigen ist zu folgen geboten: Die Befehle zum Aufrücken in einer Schlachtlinie werden von dem Enomotarchen wie von einem Herolde mündlich bekanntgemacht, und so die Schlachtreihen in der Tiefe verringert oder vermehrt. ...

Ich will aber auch angeben, was Lykurg über das Aufschlagen eines Lagers vorschrieb. Weil nämlich die Winkel des Vierecks unnütz sind, brachte er das Lager in eine Kreisform, es sei denn, daß ein Berg Schutz gibt, oder sie eine Befestigung oder einen Fluß im Rücken haben. Bei Tage stellte er Wachen aus, die gegen das Lager einwärts sehen; denn nicht der Feinde, sondern der Freunde wegen tun diese ihren Dienst. Die Feinde aber beobachten Reiter auf Plätzen, von denen aus sie am weitesten in die Ferne sehen ... Auch körperliche Übungen sind allen Lakedämoniern, solange sie im Felde sind, vom Gesetz geboten, damit sie untereinander selbst ausgezeichneter werden und edler als die anderen erscheinen. Man darf aber weder das Gehen noch den Lauf weiter ausdehnen, als sich die Mora erstreckt, damit keiner von seinen Waffen sich weit entferne. Nach den Leibesübungen befiehlt der erste Polemarch durch den Herold, sich zu setzen, dies ist eine Art Musterung, hierauf zu frühstücken und schnell die Wache von dem Lager abzulösen. Anschließend folgt Unterhaltung und Ruhe bis zu den Leibesübungen des Abends. Danach wird durch die Herolde befohlen, das Abendessen einzunehmen und, nachdem sie den Göttern, deren Opfer günstige Zeichen verlieh, ein Loblied gesungen haben, sich neben den Waffen zur Ruhe zu legen...

Auch daran will ich von vornherein erinnern, wie der König mit dem Heere auszieht. Zuerst opfert er, noch in der Heimat, dem Zeus Hagetor und den neben ihm verehrten Göttern; gibt hier das Opfer günstige Zeichen, so nimmt der Feuerträger Feuer vom Altar und geht damit voran bis zur Grenze des Landes, der König aber opfert hier wieder dem Zeus und der Athena. Wenn nun die diesen beiden Gottheiten dargebrachten Opfer günstige Zeichen geben, dann überschreitet er die Grenze des

Landes. Das Feuer von diesen Opfern wird vorangetragen und niemals ausgelöscht, und alles Schlachtvieh folgt. Immer aber, sooft er opfern läßt, unternimmt er dieses Geschäft noch bei der Morgendämmerung, um die Gnade des Gottes für den ganzen Tag zu erhalten. Bei dem Opfer sind anwesend die Polemarchen, Lochagen, Pentekosteren, die Stratiarchen [Anführer der Mietsoldaten], die Befehlshaber des Korps der Packknechte, und von den Anführern aus den Städten wer will. Auch sind zwei von den Ephoren dabei. Wenn aber das Opfer vollendet ist, ruft der König alle zu sich und befielt, was zu tun ist. ...

Nachdem der König den Befehl zum Marsche gegeben hat, zieht, wenn sich kein Feind zeigt, niemand vor ihm her, außer den Skiriten und den auskundschaftenden Reitern. Wenn man aber einmal glaubt, es werde zur Schlacht kommen, so nimmt der König die Mannschaft der ersten Mora und führt sie mit einer Schwenkung links herum, bis er sich in der Mitte zwischen zwei Moren und zwei Polemarchen befindet ... Wenn dann schon im Angesicht der Feinde eine Ziege geopfert wird, so ist es Gesetz, daß alle anwesenden Flötenspieler blasen und kein Lakedämonier unbekränzt sei; auch die Waffen glänzend zu machen wird befohlen. Dem Jüngling aber ist erlaubt, mit gelocktem Haar in die Schlacht zu ziehen und gesalbt und geputzt zu sein."[25]

2. Rassenpflege und Erziehung als Grundlagen der Menschenformung

I

Die hohen Anforderungen innerhalb des spartanischen Staatswesens konnten nur erfüllt werden, wenn hinter ihnen ein Menschentum stand, das in seiner Haltung von der Begeisterung und der Verantwortung für das Ganze durch und durch bestimmt war, und dessen Kräfte zu außerordentlicher Leistungsfähigkeit gesteigert und auf den öffentlichen Dienst ausgerichtet waren. Die Fundamente für die Verwirklichung dieser Haltung und für ihr Fortleben durch die Generationen hindurch waren eine planmäßige Rassenzucht, die den Bestand eines einheitlichen und hochwertigen Bluterbes unter den Spartanern erhielt und förderte, und ein Erziehungssystem, das durch seine innere Geschlossenheit und tiefgreifende Formkraft aus dieser Substanz den Typus einer politisch-kriegerischen Führerschicht schuf. Beide, *Rassenzucht* und *Erziehung*, in engstem Zusammenwirken miteinander, waren Quellen, aus denen die menschliche Kraft Spartas sich immer wieder erneuerte.

Sparta war unter den Staaten der antiken Welt die ausgeprägteste *Blutsgemeinschaft*. Die den griechischen Stämmen gemeinsame Überzeugung, daß aller wahre Wert und alle große Leistung ihren Ursprung in den von den Vorfahren ererbten Kräften des Blutes hätten, war hier in ganz besonderer Schärfe und Ausdrücklichkeit lebendig. Und die aus den ältesten Zeiten stammenden Sitten, die angestammte Art unverfälscht und ungemindert zu bewahren, waren hier nicht nur besonders reich entwickelt, sondern waren zu einem der wichtigsten Grundgesetze des Staates erhoben. Eine Fülle von Einrichtungen sorgte dafür, daß die Schar der führenden Spartiaten sich aus dem alten dorischen Bluterbe ergänzte, daß der Zufluß allein aus den gesunden und bewährten Kräften geschah und daß jeder Zuwachs schwacher und untauglicher Elemente ferngehalten wurde.

„Bei der Aufzucht der Kinder, die er als die größte und wichtigste Aufgabe eines Gesetzgebers betrachtete, fing er ganz von vorn an und richtete sein Augenmerk zuerst auf die Ehen und die Erzeugung der Kinder."[26]

„Denn erstlich glaubte Lykurg, daß die Kinder nicht den Vätern eigen, sondern dem Staat gemeinschaftlich gehörten, und in dieser Beziehung wollte er die Bürger nur von den Besten, nicht aber von jedem ohne Unterschied erzeugen lassen."[27]

Am Anfang der staatlichen Fürsorge für einen leistungsfähigen Nachwuchs stand die körperliche Erziehung der Knaben und Mädchen, durch die sie zu Vätern und Müttern gesunder und tüchtiger Kinder herangebildet werden sollten. Vor allem die planmäßige körperliche Übung der Mädchen diente diesem Zweck. Ganz im Gegensatz zur allgemeingriechischen Sitte wurde sie mit besonderer Sorgfalt und in ganz ähnlicher Weise wie die der Knaben betrieben:

„Zuerst suchte er die Körper der Mädchen durch Laufen, Ringen und das Werfen von Wurfscheiben und Spießen abzuhärten, damit die in einem starken Körper erzeugte Frucht kraftvoll aufkeimen und gedeihen, sie selbst aber die zur Geburt erforderlichen Kräfte erlangen und die Wehen leicht und ohne Gefahr überstehen möchten. Um aber alle Weichlichkeit, Verzärtelung und weibische Schwäche auszurotten, gewöhnte er die Mädchen wie die Knaben, den feierlichen Aufzügen nackt[28] beizuwohnen und so an gewissen Festen in Gegenwart der Jünglinge zu tanzen und zu singen ... Übrigens wurde durch diese Nacktheit der Jungfrauen die Zucht durchaus nicht verletzt, da immer Schamhaftigkeit dabei obwaltete und alle Lüsternheit verbannt war; sie wurde vielmehr zu einer unschuldigen Gewohnheit, erzeugte eine Art Wetteifer hinsichtlich der guten Leibesbeschaffenheit und flößte auch dem weiblichen Geschlechte edle, erhabene Gesinnungen ein, das es so gut wie das männliche auf Tapferkeit und Ruhmbegierde Anspruch machen konnte ... Diese Gebräuche waren denn auch starke Reizmittel zum Heiraten, ich meine, die feierlichen Aufzüge der Jungfrauen, ihre Nacktheit und Wettspiele vor den Augen der Jünglinge, die, wie Plato sagt, nicht durch die Nötigung eines mathematischen Beweises, sondern durch den Zwang und Reiz der Liebe angezogen wurden."[29]

„Denn schon, was das Kinderzeugen betrifft, um von vorne anzufangen, so gibt man sonst denen, die einst Mütter werden sollen und die nach der gewöhnlichen Meinung als Mädchen für gut erzogen gelten, so sparsam wie möglich Brot und so wenig wie möglich Zukost zu essen, und läßt sie entweder unter gänzlicher Entbehrung des Weins oder nur im Genusse eines mit Wasser gemischten heranwachsen. Und wie die meisten Gewerbetreibenden eine sitzende Lebensweise führen, so verlangen auch die anderen Griechen, daß die Jungfrauen sich in der Zurückgezogenheit mit Wollarbeiten beschäftigen. Wie soll man nun erwarten, daß so erzogene Mädchen etwas Rechtes zur Welt bringen werden! Lykurg dagegen war der Meinung, Kleider zu bereiten, dazu seien auch Sklavinnen geschickt, für freigeborene Mädchen aber, glaubte er, sei das Kindergebären das wichtigste; er verordnete daher erstens, daß das weibliche Geschlecht nicht weniger als das männliche den Körper übe; sodann führte er wie bei den Männern so auch bei den Frauen Wettkämpfe untereinander ein im Schnellauf und in der Übung der Körperkräfte, in der Überzeugung, daß bei voller Kraft beider Eltern auch die von ihnen erzeugten Kinder stärker sein würden."[30]

„Ich beginne mit der Erzeugung des Menschen. Wie wird ein Mensch am tüchtigsten und kräftigsten? Wenn der Erzeuger turnt, sich kräftig nährt und sich abhärtet, und wenn auch die Mutter des künftigen Kindes körperlich kräftig ist und turnt."[31]

„In dem Bestreben nämlich, Lakonien kriegstüchtige Athleten zu verschaffen, bestimmte Lykurg: die Mädchen sollten Leibesübungen treiben und zum öffentlichen Wettlauf zugelassen werden. Natürlich des Kindersegens halber und um infolge des kräftigen Körperbaus tüchtigere Sprößlinge zu gebären ... Wenn ein solches Mädchen dann einen jungen Mann heiratet, der auch die Übungen mitgemacht hat, werden die Sprößlinge, die sie hervorbringt, besonders tüchtig sein, nämlich schlank, kräftig und gesund. Und Lakonien ist im Kriege so groß geworden, weil man betreffs der Ehe bei ihnen auf diese Weise verfuhr."[32]

Nach der Vorbereitung durch die Körpererziehung war der Kern der rassenpolitischen Maßnahmen die Gestaltung des ehelichen Lebens. Die spartanische Ehe war vor allem eine Gemeinschaft zur Erzeugung einer möglichst gesunden und zur Verwirklichung des politischen Lebensideals fähigen Nachkommenschaft. Dem Gedanken der blutsmäßigen Sicherung der Volkskraft waren alle anderen Werte des Ehe- und Familienlebens untergeordnet:

„Als man Lykurg fragte, warum er verordnet habe, die Mädchen ohne Mitgift zu verheiraten, erwiderte er: ‚Damit nicht die einen aus Armut unverheiratet bleiben, die anderen aber des Reichtums wegen gesucht werden, sondern jeder auf den Charakter des Mädchens sehe und durch die Tugend seine Wahl bestimmen lasse.' Deshalb verbannte er auch die Gewohnheit, sich zu schminken, aus der Stadt."

„Er hatte auch die Zeit der Verheiratung für Jünglinge und Jungfrauen festgesetzt, wobei er als Grund anführte, es sollten aus reifen Körpern auch kräftige Kinder erzeugt werden."[33]

„Die Verheiratung selbst geschah auf die Art, daß jeder sich eine Jungfrau raubte, nicht aber eine kleine und unmannbare, sondern eine solche, die völlig erwachsen und heiratsfähig war. Die sogenannte Brautmutter nahm die Geraubte in Empfang ... Der Bräutigam schlich sich dann, nicht betrunken, nicht durch Schwelgerei entkräftet, sondern bei völliger Nüchternheit, und, nachdem er wie immer mit seinen Tischgenossen gespeist hatte, heimlich zu ihr ... Wenn er dann kurze Zeit mit ihr zugebracht hatte, ging er wieder sittsam fort, um an dem gewöhnlichen Ort in Gesellschaft der anderen jungen Männer zu schlafen. Ebenso hielt er es auch in der Folge; den Tag brachte er unter seinen Kameraden hin, schlief des Nachts bei ihnen, und seine Braut besuchte er heimlich und mit größter Behutsamkeit, indem er sich schämte und besorgte, es möchte ihn jemand im Hause bemerken. Doch war die Braut selbst dazu behilflich und wußte es immer so einzurichten, daß sie zu rechter Zeit und unbemerkt zusammenkommen konnten. Dies taten sie nicht etwa auf kurze Zeit, sondern manchem waren schon Kinder geboren, ehe er seine Frau bei Tage gesehen hatte. Eine solche Zusammenkunft diente nicht allein zur Übung in der Enthaltsamkeit und Mäßigkeit, sondern sie beförderte auch die Fruchtbarkeit und machte, daß sie sich immer mit neuer und verjüngter Liebe umarmten, daß sie, anstatt durch einen zu häufigen Genuß gesättigt oder entkräftet zu werden, gleichsam einen Zunder der gegenseitigen Liebe und Zuneigung zurückließen."[34]

„Da er sah, daß die übrigen Männer in der ersten Zeit des Zusammenkommens unmäßig sind, so ordnete er auch für das Zusammensein von Mann und Frau das Entgegengesetzte an. Er gebot nämlich, daß er sich scheuen sollte, gesehen zu werden, wenn er zu ihr gehe, ebenso, wenn er von ihr komme. Wenn sie auf diese Weise zusammen sind, so müssen sie notwendig ein größeres Verlangen nach einander haben, und wenn sie mehr auf solche Art ihre Kinder erzeugen, dann müssen diese kräftiger werden, als wenn sie einander überdrüssig sind. Überdies hob er auch die Sitte auf, daß jeder, wann er wollte, sich eine Frau nähme, und verordnete, daß die Ehen in der Blütezeit der körperlichen Reife geschlossen werden, weil er auch dies für die Erzeugung guter Kinder für zuträglich hielt."[35]

„Alles Lob verdient auch der Stolz der Lakedämonier, die ihrem König Archidamos eine Geldbuße auferlegten, weil er sich unterstand, eine kleine Frau zu heiraten; und sie taten dies mit der Begründung, er beabsichtigte, ihnen nicht Könige zu liefern, sondern Zwerge an Königs statt."[36]

„... man zog auch die Freier, die die Töchter [des Lysander] nach dem Bekanntwerden seiner Armut wieder verließen, zur Strafe, weil sie ihn, solange er für reich galt, geehrt hatten, und als die Armut seinen rechtschaffenen und uneigennützigen Charakter bewies, die Verbindung mit ihm aufhoben. Denn in Sparta konnte man, wie erzählt wird, wegen Ehelosigkeit, wegen später und wegen tadelnswerter Verheiratung vor Gericht gezogen werden. Der letzte Vorwurf wurde vor allem denjenigen gemacht, die bei der Wahl der Frau, statt auf löbliche Eigenschaften und Verwandtschaft, auf Reichtum sahen."[37]

Das Lebensrecht des Kindes hatte seinen Grund nicht in der bloßen Tatsache der Geburt, sondern vor allem anderen in dem Maß seiner Lebenstauglichkeit. Die Entscheidung über seine Aufnahme in die Volksgemeinschaft und seine Aufzucht lag in den Händen einer öffentlichen Körperschaft:

„Es hing nicht bloß vom Vater ab, ob er das neugeborene Kind aufziehen wollte, sondern er mußte es an einen gewissen Ort, Lesche genannt, tragen, wo die Ältesten jedes Stammes versammelt waren. Diese besichtigten es genau, und wenn es stark und wohlgebaut war, hießen sie ihn es aufziehen und wiesen ihm eins von den neuntausend Losen an; war es hingegen schwach und mißgestaltet, so ließen sie es gleich in die sogenannte Apothetai, ein tiefes Loch am Berge Taygetos, werfen, weil man glaubte, daß ein Mensch, der schon vom Mutterleibe an einen schwachen und mißgestalteten Körper hätte, sowohl sich selbst als auch dem Staate zur Last fallen würde. Daher wurden auch die Kinder nach der Geburt von den Weibern nicht in Wasser, sondern in Wein gebadet, um dadurch den Zustand der Gesundheit zu prüfen. Denn man sagt, daß epileptische oder sonst kränkliche Kinder vom Weine ohnmächtig werden und abzehren, die gesunden aber noch mehr Kraft und Stärke bekommen."[38]

Die Führerschicht der Spartiaten war immer nur eine kleine aristokratische Minderheit innerhalb einer breiten, zahlenmäßig überlegenen Gesamtbevölkerung und wurde durch die Opfer des Kriegsdienstes von ständiger Verminderung bedroht. Die Sorge um einen zahlreichen Nachwuchs war daher neben der Förderung möglichst trefflicher Veranlagungen in der nachwachsenden Generation eine entscheidende Lebensfrage für den Bestand des Staates.

Die Väter mehrerer Kinder wurden durch die Befreiung von politischen Verpflichtungen ausgezeichnet:

„Da nämlich der Gesetzgeber die Zahl der Spartiaten möglichst hoch bringen will, sucht er die Bürger anzutreiben, daß sie möglichst viele Kinder erzeugen. Denn sie haben ein Gesetz, daß der Vater von drei Söhnen vom Kriegsdienst und der von vieren von allen Abgaben frei sein soll."[39]

Kinder zu haben war eine der selbstverständlichen Grundvoraussetzungen für die Achtung und das Ansehen des Mannes:

„Kleombrotos, des Pausanias Sohn, sprach zu einem Fremdling, der mit seinem Vater um den Vorrang in der Tapferkeit stritt. ,Solange hat dein Vater den Vorrang, bis auch du gezeugt hast."[40]

Unverheiratet und kinderlos zu sein, galt als eine große Schande. Die Junggesellen waren wenig geachtet und wurden durch allerhand schimpfliche Gebräuche gedemütigt:

„Bei alledem belegte Lykurg noch die Junggesellen mit einer Art von Beschimpfung. Die durften nämlich den Spielen der nackten Mädchen nicht zusehen, im Winter aber mußten sie auf Befehl der Oberen nackt um den ganzen Markt herumgehen und dabei ein auf sie gemachtes Lied absingen, des Inhalts, sie litten die verdiente Strafe, weil sie den Gesetzen ungehorsam waren. Auch wurde ihnen die Ehrerbietung und Hochachtung versagt, die sonst junge Leute den Alten erwiesen. Aus diesem Grunde fand niemand den Vorwurf unbillig, der dem Derkyllidas, einem sonst angesehenen und berühmten Feldherren gemacht wurde. Einer der jüngeren stand nämlich, als Derkyllidas auf ihn zukam, nicht von seinem Sitze auf und sagte dabei: ,Du hast ja keinen gezeugt, der einst vor mir aufstehen könnte."[41]

„Klearchos ... berichtet, daß in Sparta die Frauen an einem besonderen Fest die Junggesellen um den Altar zerren und sie schlagen, damit sie das Schimpfliche ihrer Unterlassung fliehen, sich der Liebe zuwenden und heiraten sollten."[42]

Einen ausdrücklichen und umfassenden gesetzlichen Schutz der rassischen Reinheit des Blutes gab es in Sparta nicht. Der Spartiat war in dieser Hinsicht in der Wahl seiner Ehefrau durch die Gesetze wenig beschränkt. Die Frau mußte freigeboren und von vortrefflicher Veranlagung sein; im Rahmen dieser Bindungen konnte er heiraten, wen er wollte. Auch Ehen zwischen Spartanern und Ausländerinnen und zwischen spartanischen Frauen und Männern fremden Stammes waren nicht ausgeschlossen. Allein für die Königsfamilie war eine Verbindung mit Nichtspartianinnen ausdrücklich verboten. Trotz dieses Fehlens gesetzlicher Ordnungen war das spartanische Blut vor Vermischung weitgehend gesichert. An Stelle der Gesetze war die spartanische Lebensart und Sitte mit ihrer Abgeschlossenheit gegen alles Fremde und ihrer strengen Selbstgenügsamkeit der Garant für die Erhaltung der rassischen Eigenart:

„Die Frauen der Spartaner haben das Recht, Kinder zu empfangen von den wohlgestaltetsten der Männer, sowohl von den einheimischen wie von den Fremden."[43]

„Allein Lysander, der noch Ephor war, entschloß sich nun, den Leonidas gerichtlich zu belangen, zufolge eines alten Gesetzes, welches befahl, daß kein Heraklide mit einer Ausländerin Kinder zeugen ... sollte."[44]

II

Durch die Sorge um den Blutsbestand des Volkes wurde in Sparta ein in seinem Wesenskern einheitlicher und dauerhafter Menschenschlag geschaffen und erhalten. Aus dieser bleibenden Substanz prägte die *Erziehung* in jeder Generation von neuem die Haltung der politisch-kriegerischen Arete, aus deren Kräften der spartanische Staat lebte. Die menschenformende Macht Spartas war außerordentlich. Die erzieherische Eingliederung der Jugend in die Staatsgemeinschaft war einer der grundlegenden Staatszwecke, und die gemeinschaftlichen Ordnungen waren bis in die letzten Zellen hinein mit erzieherischen Impulsen und Einrichtungen durchsetzt. Der Antrieb zu dieser gesteigerten erzieherischen Energie lag in der besonderen seelischen Verfassung des Staates. Die Verwirklichung des spartanischen Ideals: die Anspannung aller Kräfte für die Gesamtheit, wuchs nicht aus Zwang, Gewöhnung und Suggestion, sie hatte vor allem andern ihre Wurzeln in Gesinnung und Haltung jedes einzelnen freien Spartiaten, in seiner Opferbereitschaft, seiner Treue und seinem Kampfwillen. Die Lebendigkeit und Unverbrüchlichkeit dieser Haltung konnte nur durch die lebendige Zucht einer mächtigen Tradition und im Durchgang durch eine planmäßige Erziehung geweckt und verbindlich gemacht werden. Die Leistung dieser Aufgabe gab in Sparta der Erziehung ihren hohen Rang:

„Geschriebene Gesetze hat Lykurg nicht gegeben, und dergleichen waren durch eine besondere Rhetra untersagt. Er glaubte nämlich, daß die wichtigsten und vorzüglichsten Anordnungen, welche das Glück und die Vortrefflichkeit des Staates zum Zweck haben, und dann, wenn sie dem Charakter der Bürger durch die Erziehung tief eingeprägt sind, fest und unveränderlich bestehen, weil sie an dem freien Willen ein Band haben, das stärker als aller Zwang ist; jener Wille aber könne bei Jünglingen nur durch eine gehörige Erziehung geweckt werden, und so vertrete diese bei jedem schon die Stelle eines Gesetzgebers. Dagegen hielt er es für ratsamer, alle geringfügigen Sachen, die den Handel und Wandel betreffen und nach den Umständen bald diese, bald jene Veränderung erleiden, nicht durch vorgeschriebene Formeln und unabänderliche Gewohnheiten einzuschränken, sondern es dem Gutdünken weiser und einsichtsvoller Männer zu überlassen, was sie nach den Umständen hinzuzusetzen oder davonzunehmen für nötig hielten. Kurz, die ganze Gesetzgebung knüpfte Lykurg an die Bildung und Erziehung."[45]

„Auf die Frage, warum er keine geschriebenen Gesetze eingeführt habe, gab er die Antwort: ‚Weil diejenigen, die auf die gehörige Weise gebildet und erzogen sind, selber das prüfen, was den Umständen nach das Nützliche ist.'"[46]

Die Lebensweisheit der Spartaner enthielt ein ausgeprägtes Wissen um das Verhältnis der Erziehung zu den Kräften des Blutes. So sehr das Hineinwachsen der jungen Generation in die Ideale der Väter nur aus den Wurzeln einer ursprünglich gesunden und unverdorbenen Naturanlage gelingen konnte, ebensosehr bedurfte sie einer eingreifenden erzieherischen Formung, wenn sie nicht verwildern und verkümmern und wenn aus ihr das Beste herausgeholt werden sollte. Spartiat in vollem Besitz der Arete war man nicht allein durch die Geburt aus edlem Blut, sondern man wurde es erst durch die Zucht der staatlichen Erziehung. So waren Rassenpflege und Erziehung wohl aufeinander abgestimmt und ergänzten sich wechselseitig.

Dieses Wissen ist aufgefangen in einem sinnfälligen Gleichnis, das auf Lykurg selbst zurückgeführt wird:

„Der lakedämonische Gesetzgeber Lykurg nahm zwei junge Hunde von gleichen Eltern und zog sie auf ganz verschiedene Weise auf, den einen zum Leckermaul und Näscher, den anderen zum Aufspürer des Wildes und zur Jagd. Als einstmals die Lakedämonier zusammengekommen waren, trat er unter sie mit den Worten: ‚Ihr Lakedämonier, von großem Einfluß auf die Erziehung der Tüchtigkeit sind Gewohnheit, Erziehung, Unterricht und Lebensweise. Ich will es euch sogleich aufs deutliche zeigen.' Darauf ließ er die beiden Hunde vorführen und vor sie eine Schüssel und einen Hasen setzen. Sogleich sprang der eine der Hunde gegen den Hasen, der andere eilte auf die Schüssel zu. Als aber die Lakedämonier noch immer nicht begreifen konnten, was er damit wollte und in welcher Absicht er die Hunde vorgeführt hatte, sprach er: ,Diese Hunde stammen beide von denselben Eltern, sind aber auf verschiedene Weise aufgezogen. So ist der eine ein Leckermaul und der andere ein Jagdhund geworden.'"[47]

Männer aus den anderen griechischen Stämmen haben die tragende Rolle der Erziehung immer als eines der auffallendsten Merkmale des spartanischen Staates herausgehoben. Das Urteil des Aristoteles lautet:

„Man darf auch nicht meinen, daß irgendein Bürger sich selbst angehöre, sondern man sei überzeugt, daß sie alle dem Staat angehören, da jeder ein Teil von ihm ist und die Sorge für den Teil immer die Sorge für das Ganze zu berücksichtigen hat. In dieser Hinsicht sind die Lakedämonier zu loben. Sie verwenden auf die Erziehung der Jugend die größte Sorgfalt, und zwar von Staats wegen."[48]

„Nun hat aber wohl nur im Staat der Lakedämonier und in wenigen anderen der Gesetzgeber für die Erziehung und Lehre der Staatsangehörigen Sorge getragen. In den meisten Staaten dagegen ist dieser Punkt ganz außer acht geblieben, und jeder lebt, wie er will, und richtet nach Kyklopen Weise über Weib und Kind."[49]

Der Anteil der Erziehung an der Formung der Jugend galt als so entscheidend, daß die Teilnahme an der staatlichen Erziehung die eine der beiden Grundbedingungen für den Erwerb des vollen Bürgerrechts war. Nur wer im Besitz eines Ackerloses war und wer durch die öffentlichen Erziehungsordnungen hindurchgegangen war, konnte in den Kreis der Spartiaten aufgenommen werden:

„Jeder Bürger, der die eingeführte Erziehung von Jugend an nicht ausgehalten hatte, war von allen bürgerlichen Rechten ausgeschlossen."[50]

„Den aber, der sie [die öffentliche Jugenderziehung] nicht durchgemacht hat, mit Ausnahme des Königs, den degradieren sie zum Heloten, und am Bürgerrecht hat er keinen Anteil."[51]

„Als Antipater nach der Niederlage des Agis fünfzig Knaben zu Geiseln verlangte, da erklärte Eteokles, einer der Ephoren, die Knaben könnten sie nicht geben, weil diese sonst, in der Erziehung vernachlässigt, der väterlichen Sitte unkundig bleiben und dann auch keine Bürger werden könnten; sie seien indes bereit, wenn er es zufrieden sei, die doppelte Anzahl von Greisen oder Weibern zu liefern. Als darauf jener schwere Drohungen ergehen ließ, wenn er die Knaben nicht erhielte, so gaben sie ihm einmütig zur Antwort: ‚Wenn du uns etwas Härteres auferlegst als den Tod, so würde uns der Tod um so leichter werden.'"[52]

„Indem Lykurg dabei auch noch festsetzte, daß niemand, der sich diesen [den Anstrengungen der Erziehung] entzöge, mehr irgendwelche Ehrenrechte erlangen könnte, erreichte er, daß nicht nur die öffentlichen Behörden, sondern auch diejenigen, die sich der Einzelnen besonders annehmen, dafür sorgten, daß sie nicht als säumige Feiglinge allgemein in der Stadt ehrlos würden."[53]

„Von diesem Zwang [zur öffentlichen Erziehung] spricht das Gesetz die zur königlichen Würde bestimmten Kinder frei."[54]

Die Bewährung in den staatlichen Erziehungseinrichtungen war eine der Bedingungen für den in Sparta nur selten und ausnahmsweise möglichen Fall, daß ein Mangel des Blutes ausgeglichen werden konnte. – Neben den freigeborenen Söhnen gab es in Sparta immer eine Gruppe von Knaben aus außerehelichen Verbindungen von spartiatischen Vätern und helotischen Müttern. Diese teilten grundsätzlich die niedere Stellung der Mutter und hatten an dem Rang des Vaters keinen Anteil. Es war jedoch Sitte, daß einige von ihnen in das öffentliche Erziehungssystem aufgenommen wurden, wo sie als Genossen und Gefolgsleute mit den edelgebürtigen Knaben zusammen aufgezogen wurden. Diese Knaben, die sogenannten Mothaken, blieben weiterhin innerhalb der Unterschicht, gewannen aber die Freiheit und konnten im Staatsdienst verwandt werden. Darüber hinaus bestand die Möglichkeit, daß einige von ihnen zu Vollbürgern erhoben werden konnten. Die Bedingungen für ihre Aufnahme in die Spartiatengemeinschaft waren, daß sie sich durch besondere Leistungen ausgezeichnet hatten, und daß sie von einem Spartiaten adoptiert und mit einem Ackerlos ausgestattet wurden. Der Anstoß zu diesem Brauch war der Menschenbedarf der dünnen Führerschicht, der sich aus den Mothaken eine Reserve schuf, die mit bestimmten politischen und militärischen Aufgaben betraut werden konnte, und aus der sich in besonderen Fällen einige zur Ergänzung der eigenen Reihen heranziehen ließen. Die Erziehung war hier vor allem ein Werkzeug der Auslese. Sie stellte die halbblütigen Knaben unter das Gesetz der spartanischen Haltung und machte sichtbar, wer unter ihnen an Gesinnung und Leistung der eigenen Art am nächsten stand. Über das Ausmaß dieser Eingliederung widersprechen sich die Quellen. Die einen beschränken sie auf einige vereinzelte Männer von außerordentlichen Verdiensten, die anderen erwecken den Anschein, als ob sie die natürliche Folge der Teilnahme an der allgemeinen Erziehung gewesen sei. Die letzte Meinung ist eine übertreibende Erweiterung des eigentlichen Sachverhalts, die im Widerspruch sowohl zu der allgemeinen spartanischen Grundhaltung wie zu den strengen Bedingungen der Einbürgerung steht. In Wirklichkeit wird es sich um eine kleinere Anzahl gehandelt haben; das ausgeprägte Artgefühl der Spartiaten in Verbindung mit den Forderungen einer besonderen Bewährung, der Adoption und der Landausstattung wird einigen wenigen ausgezeichneten Jünglingen und Männern den Zutritt zu der Gemeinschaft der Vollbürger gewährt haben:

„Die Mothaken sind zusammen mit den Lakedämoniern erzogen. Jeder von den politischen Knaben nimmt sich, soweit das Vermögen ausreicht, entweder einen oder zwei oder auch mehrere zu Genossen seiner Erziehung. Es sind nun die Mothaken frei, aber keine Spartaner, und sie haben an der ganzen Erziehung Anteil. Von diesen sei es nur einer geworden, und auch Lysander habe, nachdem er die Athener in einer Seeschlacht besiegt habe, die Vollbürgerschaft erlangt."[55]

„Kallikratidas, Gylippos und Lysander wurden in Lakedämon Mothaken genannt. Diesen Namen gab man solchen Hörigen, die, im Dienste wohlhabender Männer stehend, den Söhnen ihrer Herren als Genossen in die Gymnasien mitgegeben wurden. Lykurg, der dieses so eingerichtet hatte, verlieh denen von ihnen, die die Agoge vollständig durchlaufen hatten, das spartanische Bürgerrecht."[56]

„Wer an der Agoge teilgenommen hat, auch wenn er ein Fremder oder Helote ist, den ehren sie [die Spartiaten] gleich den Besten."[57]

3. Geist und Verfassung
der spartanischen Erziehung

I

Die reinste und stärkste Ausprägung des Geistes der spartanischen Erziehung sind die Lieder des Dichters Tyrtaios. Das spartanische Ideal männlichen Daseins: Das Leben als Bereitschaft und Einsatz für das Ganze und der Anspruch an jeden, sich nach diesem Gesetz zu formen, haben in ihnen ihre gültigste und wirksamste Gestalt gefunden.

Die Dichtungen des Tyrtaios sind die einzigen großen Selbstzeugnisse spartanischen Wesens. Während fast die gesamte Überlieferung sich aus Bildern zusammensetzt, die fremde Beobachter in oft weitem zeitlichen Abstand von der Blütezeit Spartas zeichneten, sind die Gedichte des Tyrtaios aus dem Leben des spartanischen Staates selbst in der Zeit seiner ersten Entfaltung herausgewachsen.

Diese auf spartanischem Boden entstandenen Gesänge sind zugleich mehr als eine nachträgliche und beliebige Umsetzung des spartanischen Lebensideals in die Sprache der Dichtung, sie sind vor allem ein ursprüngliches und bedeutendes Stück der erzieherischen Wirklichkeit Spartas selbst. Der Dichter hat seine Lieder in einer Zeit geschaffen, als das Ideal der politisch-kriegerischen Arete erst im Werden war und sich in schweren äußeren und inneren Kämpfen als herrschende Lebensordnung durchsetzte. In ihnen ist der Geist Spartas zum erstenmal in einem gültigen Bilde ausgeprägt, und durch den Appell, der von ihnen ausging, sind seinem Durchbruch entscheidende Kräfte zugeführt worden. So ist in ihnen der Lebensstil Spartas mitgeschaffen. Darüber hinaus sind sie eine der Grundlagen der Erziehung für alle späteren Zeiten bis zum Ende Spartas geworden. Die Jugend lernte und sang vor allem anderen die Lieder des Tyrtaios. Sie waren ihnen der feste Kanon für die Grundtugenden der Aufopferung, des Gehorsams und des kriegerischen Mutes.

Tyrtaios lebte im siebenten Jahrhundert v. Chr. zur Zeit der großen Messenischen Kriege. Seine Herkunft liegt im Dunkel. Die antiken Schriftsteller halten ihn für einen zugewanderten Fremden. Die neuere Kritik glaubt mit einigen guten Gründen einen einheimischen Spartaner in ihm zu erkennen. Welches seine Abstammung auch sei, auf jeden Fall war er ein in Sparta fest eingewurzelter

Mann. Der Ursprung seiner Gedichte ist die Bedrohung Spartas durch gefährliche Aufstände der unterworfenen Messenier und durch innere Streitigkeiten unter den spartanischen Bürgern. Sie sind ein Aufruf an die Spartiaten zur Tapferkeit und zum Gemeinsinn.[58]

1.

„Ich würde einen Mann nicht des Gedächtnisses für wert halten und
 nicht von ihm reden,
Weder um der Trefflichkeit seiner Füße noch um seiner Ringkunst willen,
Und wenn er auch von der Größe und der Kraft der Kyklopen wäre,
Und er den Thrakischen Boreas im Laufe besiegte,
Und wenn er auch an Wuchs schöner wäre als Titonos
Und reicher als Midas und Kyniras,
Und wenn er königlicher wäre als Pelops, des Tantalos Sohn,
Und eine süßere Zunge besäße als Adrastos,
Und er auch allen Ruhm hätte, – wenn er nicht stürmischen Mut be-
 sitzt;
Denn er wird sich nicht als ein edler Mann im Kampf bewähren,
Wenn er es nicht wagt, das blutige Morden mitanzusehen,
Und nicht danach trachtet, im Nahkampf den Feind niederzuschlagen.
Das ist Arete, das ist der höchste und ehrenvollste Preis,
Den man unter den Menschen als Jüngling erringen kann.
Das ist ein Gut für alle, für die Stadt und das ganze Volk,
Wenn ein Mann unter den Vorkämpfern ausharrt
Unabläßlich, und sich jeden Gedanken an schimpfliche Flucht aus
 dem Kopf schlägt,
Wenn er kühn Leben und Seele dahingibt
Und noch mit Worten den Nebenmann anfeuert und ihm hilfreich bei-
 steht;
Dieser wird ein Held sein im Kampf.
Schnell zwingt er die wilden Schlachtreihen der Feinde zur Flucht
Und unerschütterlich hält er dem Sturm des Kampfes stand.
Wer aber seinen Atem aushauchend in der vordersten Linie fällt,
Nachdem er zum Ruhm seiner Stadt, seiner Mitbürger und seines Va-
 ters gekämpft hat,
Viele Male ganz von vorn durch die Brust, den buckligen Schild und
 durch den Panzer getroffen,
Den beklagen dann gemeinsam die Jünglinge und Greise,

Und in schmerzlicher Sehnsucht trauert um ihn die ganze Stadt,
Sein Grabhügel und seine Kinder sind unter den Menschen berühmt
Und seine Kindeskinder und sein ganzes zukünftiges Geschlecht;
Und niemals wird sein edler Ruhm, noch sein Name verblassen,
Sondern, ob er gleich unter der Erde liegt, wird unsterblich,
Wer als der Tapferste ausharrte und für sein Land
Und seine Kinder kämpfend von dem wilden Ares niedergestreckt
    wurde.
Wenn er aber dem Schicksal des Todes entkommt
Und als Sieger herrlichen Kriegsruhm gewinnt,
Dann ehren ihn alle zusammen, Junge und Alte,
Bis er nach vielen Freuden in den Hades hinabgeht;
Im Alter ist er die Zierde der Bürger, und niemand
Wagt es, ihn an seiner Ehre zu kränken und ihm Schaden zu tun,
Alle erheben sich von ihren Sitzen
Und machen ihm Platz, Junge und Alte.
Wer ein wahrhafter Mann ist, der strebe, den Gipfel dieser Arete zu er-
    reichen
Und lasse den Mut im Kriege niemals sinken.[59]

2.

Auf denn – ihr aus dem Geschlecht des nie besiegten Herakles –
Fasset Mut – noch hält Zeus den Nacken nicht zur Seite gewandt[60] –,
Habt keine Angst vor der Menge der feindlichen Männer und fürchtet
    euch nicht,
Hoch erhebe jeder Mann den Schild gegen die Kämpfer der vordersten
    Reihe,
Er verachte das Leben, und die schwarzen Keren
Des Todes seien ihm lieb wie der Sonne Strahlen!
Denn vertraut sind euch längst die vernichtenden Taten des tränenrei-
    chen Ares;
Ihr erfuhrt die Stürme des mühevollen Krieges,
Und ihr hieltet euch mitten unter den Fliehenden und in der Schar der
    Verfolger,
Jünglinge, bis ihr satt wart von beidem, jagtet ihr dahin.
Denn die, die es wagen in dichtgedrängter Schar
Sich in das Handgemenge mit den vordersten Kämpfern des feindli-
    chen Heeres zu stürzen,

Die fallen am wenigsten, und sie retten den hinteren Heereshaufen;
Doch wer flieht, der hat jegliche Ehre verloren.
Niemand könnte je in Worten erschöpfen alle
Leiden, die der Feigling zu erdulden hat;
Ehrlos ist, wer tot in den Staub sank,
Von hinten im Rücken mit der Spitze des Speeres getroffen.
Nun haltet stand, sicher ausschreitend, beide Füße
Jetzt in die Erde gestemmt und die Zähne in die Lippen gepreßt,
Haltet die Schenkel und unten die Beine
Und Brust und Schultern unter dem Bauch des breiten Schildes ver-
borgen;
Mit der rechten Hand schwinget die mächtige Lanze,
Laßt auf dem Haupte den schreckenerregenden Helmbusch wehen;
Gewaltige Taten vollbringend lernet das Kämpfen,
Stellt euch nicht außer Schußweite, gedeckt mit dem Schild,
Sondern rückt dicht heran, ganz aus der Nähe schlagt zu
Mit der großen Lanze oder dem Schwert und packt den feindlichen
Mann;
Und Fuß an Fuß gesetzt und Schild an Schild gedrängt,
Und Helm mit Helm und Federbusch mit Federbusch vermengt
Und Brust gegen Brust, so kämpft mit dem Feind,
Das Schwert am Griff gefaßt und den gewaltigen Speer in der Hand.
Und ihr, leichte Soldaten, schwenkt unter dem Schutz des Schildes
Bald hierhin, bald dorthin, werft große Steine
Und schleudert geplättete Spieße auf sie,
Und haltet euch dicht bei den schwerbewaffneten Streitern.[61]

3.

Schön ist es für den tapferen Mann, in der vordersten Front fallend,
Zu sterben im Kampf für das Vaterland.
Das bitterste aber von allem ist, die Stadt und die
Fruchtbaren Äcker zu verlassen und bei anderen zu betteln,
Umherzuirren mit der lieben Mutter und dem greisen Vater,
Mit den zarten Kindern und dem ehelichen Weibe.
Denn verhaßt ist er allen, zu denen er kommt,
Getrieben von Not und erbärmlicher Armut,
Er entehrt seine Abkunft und läßt seine edle Gestalt zuschanden wer-
den,

Jegliche Schmach und Schlechtigkeit folget ihm nach.
Wenn so dem flüchtigen Mann keinerlei Mitleid zuteil wird
Und keinerlei Achtung in Zukunft vor seinem Geschlecht,
Dann laßt uns für dieses Land mit Mut kämpfen, und für die Kinder
Wollen wir sterben, das Leben nicht achtend.

Jünglinge, kämpft in festgeschlossenen Reihen vereint,
Und verfallt weder in Furcht noch schimpfliche Flucht,
Sondern macht den Mut in euren Herzen groß und gewaltig
Und kämpft mit dem Feind, ohne am Leben zu hängen;
Laßt, auf die eigene Rettung bedacht, nicht die Alten zurück,
Die Greise, deren Kniee nicht mehr behände sind.
Denn das ist ganz und gar schimpflich, wenn in der vordersten Reihe
    gefallen
Liegt vor den Jünglingen ein älterer Mann,
Einer mit schon weißem Haupt und grauem Bart,
Der seine tapfere Seele aushauchte im Staub
Und die blutige Scham mit den Händen bedeckt hält –
Schimpflich und schmachvoll ist es, mit den Augen dies zu sehen –
Und den ganzen nackenden Leib. Dies alles ziemt sich für den Jüng-
    ling,
Der noch in der glänzenden Blüte der lieblichen Jugend steht;
Solang er lebt, ist er viel bewundert unter den Männern und liebens-
    wert für die Frauen,
Und fällt er unter den vordersten Kämpfern, so bleibt er immer noch
    schön.
Darum haltet stand, sicher ausschreitend, beide Füße
Jetzt in die Erde gestemmt und die Zähne auf die Lippen gepreßt."[62]

Tyrtaios war nicht nur der Mahner zur kriegerischen Tapferkeit, sondern ebensosehr hat er die Spartaner zu den Tugenden des inneren Staatslebens aufgeru-
fen. Von den Werken dieser Richtung seiner erzieherischen Wirksamkeit ist fast
alles verloren. Erhalten ist allein das Bruchstück eines schon im Altertum berühmten Gedichts über „die wahre Staatsordnung", die „Eunomia":

„Denn Zeus der Kronide selbst, der Gemahl der schönbekränzten He-
    ra,
Gab den Herakliden[65] diese Stadt;
Mit ihnen wanderten wir aus dem windreichen Erineos
Und kamen zu der weiten Insel des Pelops.

Denn so hat es der Schütze mit silbernem Bogen, der vor Unheil ret-
tende Apollo verkündet:
‚Den Vorrang im Rat sollen die von den Göttern geehrten Könige ha-
ben,
Denen das Wohl der lieblichen Stadt Sparta anvertraut ist,
Dann die bejahrteren Alten und schließlich die Gemeinde der Männer
In aufrichtigen Worten einander antwortend;
Sie sollen Gutes reden und mit Gerechtigkeit handeln
Und niemals etwas Unredliches für diese Stadt erstreben;
Bei der Versammlung des Volkes soll bleiben die höchste Entschei-
dung und Befugnis.'
Denn also hat es der Stadt Phoibos Apollon verkündet."[64]

II

Der Beziehung alles persönlichen Lebens auf das Wohl und die Kraft des Vaterlandes entsprach es, daß die Kinder nicht in erster Linie als die Angehörigen
der Naturgemeinschaft der Familie, sondern als Glieder des Staates galten:

„Denn erstlich glaubte Lykurg, daß die Kinder nicht den Vätern eigen,
sondern dem Staat gemeinschaftlich gehörten."[65]

Die Beteiligung der Familie an der Erziehungsaufgabe war gering. Der Staat or-
ganisierte die Erziehung als eine selbständige, in sich geschlossene öffentliche
Einrichtung außerhalb der Familie:

„... und auch gestattete er nicht jedem, seinen Sohn nach eignem Belieben zu erziehen und zu unterrichten, sondern er nahm selbst die Knaben zu sich, wenn sie das siebente Jahr erreicht hatten."[66]

Die Durchführung der öffentlichen Erziehung war mit weitgehender Einheitlichkeit in der Hand eines hohen Beamten, des Paidonomos, zusammengefaßt.
Unter ihm wirkten verschiedene andere Beamte und Beauftragte an der Jugend-
bildung mit. Von diesen sind uns durch die Überlieferung die Mastigophoren als
Organe der Strafgewalt und die Bidiäer als die Leiter wichtiger Wettkämpfe bekannt geworden. Die oberste Staatsbehörde, die Ephoren, hatten eine Art Oberaufsicht über das gesamte Erziehungswesen und griffen oft unmittelbar in die Er-
ziehungsarbeit ein.[67]

„Anstatt daß jedermann für sich Sklaven zu Aufsehern über seine Kinder setzte, übertrug Lykurg die oberste Gewalt über sie alle einem einzigen Mann, einem von denjenigen, die zu den höchsten Staatsämtern berufen waren, der daher auch Knabenaufseher (Paidonomos) genannt wurde. Diesen ermächtigte er, die Knaben zu versammeln und hart zu bestrafen, wenn einer sich unter seiner Aufsicht verfehle. Er gab ihm auch von den angehenden Männern einige, die Geißeln führten, um die Strafen auszuführen, wenn es nötig war, so daß hier eine große Scheu und zugleich ein strenger Gehorsam herrschte."[68]

„Überdies wurde einer der rechtschaffensten Männer zum Knabenaufseher (Paidonomos) bestellt."

„Die Sparta bewohnenden Lakedämonier haben einen sehenswerten Marktplatz; auf demselben ist ... das Regierungsgebäude der sogenannten Bidiäer ... Was die Bidiäer anbetrifft, deren je fünf sind, so haben diese außer anderen Kampfübungen der Epheben auch die im sogenannten Platanistas[69] zu ordnen."[70]

4. Die erzieherischen Kräfte Spartas

Die Erziehung der jungen Spartaner war nicht auf einzelne bestimmte Institutionen beschränkt, sondern das staatliche Gemeinwesen als Ganzes war ein Organismus, der an jeder Stelle erzieherische Wirkungen auf die Jugend ausübte. Auf dieser breiten Grundlage hat Sparta drei Lebensverhältnisse als die besonderen Träger der Erziehung ausgestaltet: die *Knabenbünde*, die *erzieherische Verantwortung der Erwachsenen* und die *Freundschaft*.

I

Der Mittelpunkt des Erziehungswesens waren die *Knabenbünde*. Außerhalb der Familie und abgesondert von den Männergenossenschaften wuchs die spartanische Jugend in selbständigen Jugendgemeinschaften heran. Diese Bünde, die als volle Lebensgemeinschaft das gesamte Dasein der Knaben in sich einschlossen, waren ein in die jugendliche Wirklichkeit übersetztes Abbild des großen spartanischen Gemeinwesens. Durch die Zugehörigkeit zu einer fest geordneten Gemeinschaft lebten die Knaben von früh auf unter dem Grundgesetz des Staates. In der straffen Zucht des Zusammenlebens und in gegenseitigem Wetteifer wurden alle Tugenden des Spartiaten in ihnen geweckt und zu naturgewachsener Festigkeit und Selbstverständlichkeit ausgeprägt. Die Knabenbünde hießen Agelai, Bouai oder Ilai. Aller Wahrscheinlichkeit nach bestand zwischen ihnen ein Verhältnis der Gliederung, nach der mehrere kleine Scharen als die eigentlichen Lebensgemeinschaften zu einer größeren Abteilung zusammengefaßt waren. Die Führung der Bünde lag unter Aufsicht der obersten Erziehungsbehörde in der Hand der Jugend selbst. An der Spitze standen staatlich ernannte und von den Jungen selbst gewählte Jünglinge, die Bouagoi:[71]

„Lykurg nahm selbst die Knaben zu sich, wenn sie das siebente Jahr erreicht hatten, teilte sie in gewisse Klassen, gab ihnen einerlei Erziehung und Nahrung und gewöhnte sie, miteinander zu spielen wie zu lernen."[72]

„Sie schliefen nach bestimmten Abteilungen zusammen."[73]

„Zum Aufseher über jede Klasse setzte er denjenigen, der sich unter den übrigen durch Klugheit auszeichnete und im Streit die meiste Herzhaftigkeit bewies. Diesen nahmen die anderen zum Muster, gehorchten seinen Befehlen und unterwarfen sich seinen Strafen, so daß die ganze Erziehung eine Übung im Gehorsam war."[74]

„... und die Knaben selbst wählten sich klassenweise den besten und tapfersten unter den sogenannten Eirenen zum Vorsteher. Eirenen heißen nämlich diejenigen, die zwei Jahre über das Knabenalter zählten."[75] „Wer ohne Nachdenken antwortete, bekam vom Eiren zur Strafe einen Biß in den Daumen. Oft strafte auch der Eiren die Knaben in Gegenwart der Alten und Oberen, um eine Probe zu geben, ob er nach Recht und Billigkeit zu strafen wüßte. Man hinderte ihn nicht an der Vollziehung der Strafe, aber wenn die Knaben weggegangen waren, mußte er Rechenschaft ablegen, ob er dabei gar zu hart oder auf der anderen Seite zu gelinde und nachsichtig verfahren war."[76]

II

Das Eigenleben der Jugend in ihren Bünden war umfaßt und durchsetzt mit einer vielfältigen erzieherischen Fürsorge der Erwachsenen. Es gehörte zu den ausdrücklichen politischen Grundpflichten des spartanischen Mannes, an der Jugenderziehung tätigen Anteil zu nehmen, und umgekehrt war die Jugend verpflichtet, in unmittelbarem Hinblick auf das Vorbild der Erwachsenen und in unbedingtem Gehorsam gegen ihre Gebote zu leben. Die erzieherische Verantwortung war grundsätzlich nicht auf die Familienangehörigen beschränkt, sondern sie war unbegrenzt; sie erstreckte sich auf jeden Jugendlichen und betraf sein ganzes Tun und Lassen:

„Wenn den Erwachsenen sonst nichts aufgetragen war, gaben sie auf die Knaben acht und lehrten sie etwas Nützliches oder lernten selbst von den Älteren."[77]

„... Auch die Alten gaben nun weit mehr auf sie [die Knaben] acht, suchten immer die Übungsplätze und wohnten ihren Kämpfen und wechselseitigen Neckereien bei, nicht als müßige Zuschauer, sondern jeder betrachtete sich als einen Vater, Aufseher und Lehrer aller Knaben, so daß es diesen zu keiner Zeit und an keinem Ort an jemand fehlte, der sie zurechtweisen, oder wenn es nötig war, bestrafen konnte."[78]

„Die Alten schauten gewöhnlich ihren Spielen zu und erregten unter ihnen oft Händel und Zänkereien, um dabei den Charakter eines jeden kennenzulernen, ob er einen kühnen, unerschrockenen Mut besäße und sich im Kampfe vor seinem Gegner nicht zurückzöge."[79]

„Die Jünglinge mußten nicht nur ihre eigenen Eltern ehren und ihnen gehorsam sein, sondern allen Älteren Achtung erweisen, ihnen aus dem Wege gehen und vor ihnen aufstehen, sowie in ihrer Gegenwart sich ruhig verhalten. Deshalb führte auch jeder, nicht nur wie in den übrigen Städten, allein über seine eigenen Kinder, Sklaven und Besitztümer die Aufsicht, sondern auch über die der Nachbarn, wie über das Seinige; damit sie nämlich, soweit es möglich sei, alles für gemeinschaftlich hielten und sich darum wie um das Eigene bekümmerten."[80]

„Auch war es Sitte, daß die Jüngeren von den Älteren gefragt wurden, wo sie hingingen und in welcher Absicht; wer keine Antwort geben konnte oder einen Vorwand ersann, erhielt einen Verweis, und wer einen in seiner Gegenwart begangenen Fehler nicht rügte, verfiel in dieselbe Strafe wie derjenige, der ihn begangen hatte; auch der, welcher über einen Verweis unwillig war, kam in große Schande."[81]

„Damit aber auch, wenn der Knabenaufseher wegginge, die Knaben niemals ohne Aufsicht wären, machte Lykurg das Gesetz, daß jeder gerade anwesende Bürger ermächtigt sei, den Knaben zu befehlen, was er für gut halte, und sie zu strafen, wenn sie sich in etwas verfehlten. Durch diese Einrichtung bewirkte er, daß die Ehrfurcht in den Knaben stärker würde, denn Knaben sowohl als Männer trugen vor nichts mehr Scheu als vor den Aufsehern."[82]

„Entgegengesetzt den meisten hat Lykurg auch folgendes angeordnet. In den anderen Staaten nämlich ist jeder Herr seiner eigenen Kinder ... Lykurg aber wollte es so einrichten, daß die Bürger, ohne einander zu schaden, sich gegenseitig Gutes verdanken sollten; er ordnete daher an, daß jeder in gleichem Grade über seine eigenen Kinder und über die der anderen Herr sein sollte. Wenn aber einer weiß, daß die Väter der Kinder, denen er befiehlt, Bürger sind, so ist er gehalten, ihnen so zu befehlen, wie er will, daß auch seinem eigenen Kinde befohlen werde. Wenn aber ein Knabe einmal von einem anderen Schläge bekommen hat und es seinem Vater anzeigt, so ist es eine Schande, dem Sohne nicht noch mehr Schläge zu geben; so sehr trauen sie einander, daß keiner den Knaben etwas Schlechtes gebiete."[83]

„Zu den Tischgesellschaften durften auch die Knaben kommen, die dahin wie in die Schulen der Weisheit geführt wurden. Hier hörten sie

Gespräche über Politik, hatten keine anderen als freigeborene Erzieher vor Augen und lernten sowohl ohne Grobheit scherzen als von anderen Scherz zu ertragen."[84] „Denn in den anderen Staaten sind meistens nur die Gleichaltrigen miteinander zusammen, und unter diesen herrscht der rechte Anstand oft am wenigsten. Lykurg aber mischte in Sparta [die verschiedenen Altersstufen] untereinander, um die Jüngeren vorzüglich durch die Erfahrung der Älteren zu bilden. Es ist nämlich üblich, daß bei den gemeinsamen Mahlzeiten erzählt wird, was einer im Staate Gutes vollbrachte, so daß dabei gar kein beleidigender Mutwille, keine trunkene Ungezogenheit, keine schlechte Handlung und keine unanständigen Gespräche vorkommen."[85] „Auch in seinem hohen Alter setzte er [Agesilaos] dieselbe [strenge und einfache] Lebensweise fort. Als ihn nun jemand fragte, warum er bei so vorgerückten Jahren während eines strengen Winters ohne Unterkleid umhergehe, antwortete er: ‚Damit die Jüngeren es nachahmen, indem sie an den Älteren und Königen ein Beispiel haben.'"[86]

III

Neben den Knabenbünden und neben dem Wirken der Erwachsenen stand als dritte erzieherische Macht die *Freundschaft* eines erwachsenen Mannes zu einem Knaben. Die bildende Kraft, die in diesem ganz persönlichen Verhältnis liegt, war das ergänzende Gegenstück zu der Erziehung in den überpersönlichen öffentlichen Zuchtformen. In dieser Verbindung formte sich der junge Spartaner durch die in der persönlichen Zuneigung geweckte Begeisterung für den bewunderten Mann und durch die anfeuernde Kraft, die von seinem Wesen ausging. Die Wirksamkeit dieses persönlichen Elements bedeutete nicht eine Auflockerung der straffen Einheitlichkeit des Erziehungssystems, sondern es war von dem allgemeinen spartanischen Lebensgesetz bestimmt wie alle anderen Einrichtungen auch. Der männliche Freund ist nicht ein privater Einzelner, sondern er ist die Verkörperung der für alle gültigen Arete, und die Bewährung seiner Freundschaft liegt darin, daß der Jugendliche dieses Vorbild des Älteren so vollkommen wie möglich nachbildet.

Diese Freundschaften waren eine weitverbreitete, in der Sitte der Polis fest verwurzelte Erscheinung, die um ihrer erzieherischen Leistung willen als ein selbständiges Glied in das öffentliche Erziehungswesen ganz ausdrücklich einbezogen waren. Jeder wohlgeratene Knabe hatte einen erwachsenen Spartiaten zum

Freund, und umgekehrt wurde von jedem edlen Manne erwartet, daß er einen Knaben durch seinen persönlichen Umgang förderte. Die Grundlage dieser Freundschaften war die gegenseitige Zuneigung zu der leiblichen und seelischen Wohlgeratenheit der Freunde. Ihr Absinken in ein rein sinnliches Verhältnis war durch Sitte und Gesetz streng verpönt:

„In diesem Alter begann für die sich auszeichnenden Jünglinge der Umgang mit Freunden ... Die Freunde der Knaben nahmen sowohl an ihrer Ehre als an ihrer Schande teil, und man erzählt sogar, daß, als ein Knabe im Wettstreit einen schimpflichen Schrei ausstieß, sein Freund von den Oberen bestraft worden sei. Obgleich aber diese Liebe bei ihnen eine so allgemeine Sitte war, daß auch rechtschaffene Frauen Mädchen liebten, so fand doch dabei nicht die geringste Eifersucht statt; vielmehr machten die, welche einen Knaben zugleich liebten, dies zum Anfang einer gegenseitigen Freundschaft und beeiferten sich immer gemeinschaftlich, ihren Liebling zum trefflichsten Manne zu bilden."[87]

„Die Freundschaft von Knaben mit vorzüglichen Anlagen zu erstreben, war erlaubt. Mit ihnen aber einen sinnlichen Umgang zu haben, galt für schimpflich, indem man dann den Körper liebe und nicht die Seele. Wer eines solchen Umgangs mit einem Knaben bezichtigt wurde, war sein ganzes Leben hindurch ehrlos."[88]

„Noch glaube auch ich über die Knabenfreundschaften sprechen zu müssen, denn auch dies gehört zur Erziehung ... Lykurg hat auch hierin das Entgegengesetzte [zu den Ansichten der anderen Griechen] erkannt. Wenn ein Mann, der ganz ist, was er sein soll, an dem Geist eines Knaben Gefallen findet und sich ihn zu einem tadellosen Freunde zu machen und mit ihm umzugehen sucht, das hieß er gut und hielt er für die beste Erziehung. Wenn aber einer sinnliche Begierde nach einem Knaben zeige, das erklärte er für die größte Schmach und brachte es so dahin, daß in Lakedämon die Freunde ebensowenig die geliebten Knaben mißbrauchten, als Väter ihre Söhne, oder Brüder ihre Brüder zu sinnlichem Leibesgenuß gebrauchen."[89]

„Weil einer der schönen Jünglinge [in Sparta] einen reichen Freund einem rechtschaffenen, aber armen Manne vorgezogen hatte, legten sie ihm eine Geldbuße auf, um, wie es scheint, seine Geldgier durch Geldverlust zu bestrafen. Einen anderen rechtschaffenen Mann aber, der keinem unter den wohlgebildeten Jünglingen befreundet war, straften sie ebenfalls, weil er als ein wackerer Mann niemanden liebe: denn gewiß würde er seinen Vertrauten, vielleicht auch noch einen anderen zur

Ähnlichkeit mit sich selbst herangebildet haben. Denn Freunde können, wenn sie selbst würdige Männer sind, durch ihre Liebe bei ihren Günstlingen sehr viel Gutes wirken. Daher haben denn auch die Lakedämonier ein Gesetz, nach dem man zwar mit einem Jüngling, wenn er sich verfehlt, aus Rücksicht auf seine Unerfahrenheit und seine Jugend nachsichtig ist, hingegen seinen Freund dafür bestraft, weil man verlangt, er solle um das, was jener tut, wissen und ihn beaufsichtigen."[90]

Die Freundesbündnisse dauerten oft das ganze Leben hindurch, und die Genossen hielten sich die Treue bis zum Tode. Eines der schönsten Beispiele für diese Bewährung ist die Freundschaft des Königs Kleomenes und des jungen Panteus. Kleomenes war von seinem Bundesgenossen, dem ägyptischen König, verraten und gefangengesetzt worden. Als der letzte Befreiungsversuch fehlgeschlagen war, bereiteten der König und seine nächsten Gefolgsleute sich selbst einen ehrenvollen Tod: Panteus harrte bei seinem Freunde, dem König, bis ans Ende aus und tötete sich selbst erst, nachdem er ihm die letzten Ehrendienste erwiesen hatte:

„Zugleich ermahnte Kleomenes alle, ihr Leben auf eine solche Art zu beschließen, die seiner und der vorigen Taten würdig wäre. Hippitas wurde zuerst auf sein eigenes Bitten von einem der Jüngeren niedergestochen; darauf machte auch jeder der anderen mit kaltem, unerschrockenem Mut seinem Leben ein Ende, außer Panteus, der die Mauern von Megalapolis zuerst erstiegen hatte. Dieser war als der Schönste und Wohlgebildetste unter allen Jünglingen, der sich am leichtesten unter die strenge Disziplin zu schicken wußte, des Königs Liebling gewesen und erhielt jetzt von ihm den Befehl, sich nicht eher umzubringen, bis er ihn und die anderen hingestreckt sähe. Als sie nun alle auf der Erde lagen, ging Panteus herum und stach jeden mit der Spitze des Schwertes, um zu versuchen, ob etwa in einem noch Leben wäre. Auch Kleomenes stach er in die Fersen, und als er sah, daß dieser das Gesicht verzog, küßte er ihn und setzte sich an seine Seite, bis er völlig tot war. Dann umarmte er den Leichnam und stieß sich über ihm das Schwert in die Seite."[91]

5. Leibeserziehung und Charakterzucht

I

Über die Erziehung des *kleinen Kindes* berichten die Quellen nur sehr wenig. Die frühe Kindheit war die einzige Lebenszeit, die das Kind innerhalb der Familie verbrachte und in der das Elternhaus an der Erziehungsaufgabe mitbeteiligt war. Schon in diesen ersten Jahren wurde sein Leben ganz im Sinn der allgemeinen spartanischen Sitte geregelt und wurden die Keime der späteren Zucht gelegt:

„Die Art, wie die Kinder gepflegt wurden, verriet ebenfalls viel Kunst und Sorgfalt. Die Ammen zogen sie ohne Windeln auf und gaben so dem ganzen Gliederbau etwas Freies und Ungezwungenes; sie gewöhnten die Kinder, mit jeder Speise vorlieb zu nehmen und nicht wählerisch zu sein; sie sahen darauf, daß sie im Finstern und in der Einsamkeit ohne Furcht blieben, und bewahrten sie vor dem unartigen Eigenwillen und dem damit verbundenen Weinen."[92]

Die Kinder standen unter dem Schutz der Landesgötter. Alle Jahr fanden die sogenannten Tithenidien, ein Kinderfest, statt, an dem die kleinen Knaben der Artemis geweiht wurden:

„An dem Fest der Tithenidien, das wegen der Kinder so genannt wird, veranstalteten sie Festschmäuse in der Stadt. Die Ammen trugen die kleinen Knaben aufs Land zu der Artemis Korythalia, deren Heiligtum sich am Thiasos, in dem gegen Kleta gelegenen Teil befindet ... Und sie opfern zarte Ferkel und legen zu dem Mahl im Ofen gebackenes Weizenbrot ... Wenn sie den Festschmaus begehen, bauen sie zunächst Hütten neben dem Heiligtum des Gottes, in diese legen sie eine Streu aus Zweigen, und darüber breiten sie Decken aus, auf denen sie nicht nur die Einheimischen sich lagern lassen und bewirten, sondern auch diejenigen, die sich als Fremde bei ihnen aufhalten. Sie opferten bei dem Festschmaus Ziegen und anderes Geweihte. Und allen gaben sie Teile von dem Fleisch und eine Art Brot."[95]

II

Leibeserziehung und Charakterzucht machten den Kern der Erziehung der Knaben aus. Beide standen in engstem Zusammenhang miteinander und ergänzten sich zu dem einen Ziel der kriegerisch-politischen Arete. Die körperliche Ausbildung war zugleich mit der Entwicklung der Leibestüchtigkeit die harte und vielseitige Schule des Willens, und umgekehrt bestimmte das Ziel der Charaktererziehung nicht nur die Art der Leibesübungen, sondern sie gab den Knaben auch den inneren Antrieb und die Kraft, sich in den Anforderungen der körperlichen Ausbildung zu behaupten.

Die *Leibesübungen* gliederten sich in zwei Stufen. Die Grundlage war eine allgemeine Disziplinierung des Körpers, in ihr wurden die Tugenden der Abhärtung, der Ausdauer und der Bedürfnislosigkeit entwickelt. Sie bildete den Körper der Knaben zu dem zähen, elastischen und widerstandsfähigen Instrument, das den hochgespannten Forderungen des späteren Lebens spielend gewachsen war. Auf dieser Grundlage baute sich die Ausbildung zu sportlicher Leistungsfähigkeit und kriegerischer Tüchtigkeit auf. Hier wurden die Knaben in den einzelnen Fertigkeiten der Gymnastik und der Kriegskunst geschult.

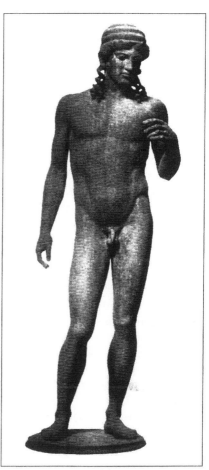

Die Jünglingsstatue ist ein Leier spielender Apollo spartanischer Herkunft. In der Gestalt des Gottes lebt das Urbild eines spartanischen Jünglings. Die gedrungene und naturwüchsige Kraft in seiner Erscheinung spiegelt den Geist der jugendlichen Lebensform in Sparta. Das Werk ist die römische Kopie eines Originals, das zu Anfang des 5. Jahrhunderts v. Chr. für Sparta geschaffen wurde und dort als ein Heiligtum des Gottes gestanden hat.

Zu Beginn der Erziehung stand die Aufgabe der allgemeinen Leibeszucht im Mittelpunkt. Ihr folgte in den späteren Jahren die Ausbildung des besonderen gymnastisch-kriegerischen Könnens.

„Von den Wissenschaften lernten sie nur so viel, als sie zur Not brauchten; der ganze übrige Unterricht zielte darauf ab, daß sie pünktlich gehorchen, Strapazen ertragen und im Streite siegen lernten. Zu dem Zwecke wurden sie bei zunehmendem Alter immer härter gehalten; man schor ihnen die Haare bis auf die Haut ab und gewöhnte sie, barfuß zu gehen und meistenteils nackt zu spielen. Vom zwölften Jahr an trugen sie kein Unterkleid mehr und bekamen für ein ganzes Jahr nur einen Mantel. Ihre Körper waren immer mit Schmutz bedeckt, und sie durften sich weder salben noch baden, einige wenige Tage ausgenommen, an denen ihnen sowie anderen diese Pflege des Körpers gestattet war. Sie schliefen nach gewissen Abteilungen zusammen auf einer Streu, die sie sich selbst zusammentrugen, indem sie die Spitzen des im Eurotas wachsenden Rohres ohne Messer mit den bloßen Händen abbrachen. Im Winter legten sie die sogenannten Lykophonen unter und vermischten sie mit der Streu, weil man diesem Gewächs eine erwärmende Kraft zuschrieb."[94]

„Ihre Mahlzeiten waren immer sehr kärglich eingerichtet, damit sie gezwungen wären, selbst an die Befriedigung des Magens zu denken und dadurch kühn und verschlagen zu werden. Dies war der Hauptzweck ihres dürftigen Unterhalts, ein Nebenzweck soll der Wuchs des Körpers gewesen sein. Denn wenn die Lebensgeister nicht durch zu viele Nahrung beschwert, nicht in die Tiefe und Breite gepreßt werden, sondern vermöge ihrer Leichtigkeit emporsteigen, so kann auch der Körper frei und ungehindert zunehmen und bekommt so einen schlanken Wuchs."[95]

„Das war der Hauptzweck ihrer schmalen Kost, die auch darum so einfach war, damit sie sich nie an Überladung gewöhnten, sondern den Hunger ertragen könnten; denn sie glaubten im Kriege mehr Nutzen zu haben, wenn sie selbst, ohne gegessen zu haben, Strapazen auszuhalten vermöchten, sowie auch mäßiger und enthaltsamer zu werden, wenn sie längere Zeit mit wenig auskommen könnten."[96]

„Statt die Füße durch Schuhe zu verweichlichen, verordnete Lykurg, sie durch Barfußgehen zu stärken, denn er glaubte, wenn sie sich darin übten, würden sie leichter steile Höhen hinaufsteigen und in jähe Abgründe hinunterklettern, und wenn einer die Füße geübt habe, werde er ohne Schuhe mit mehr Gewandtheit in die Weite wie in die Höhe springen und laufen können als mit Schuhen. Und statt sie durch Kleider zu verzärteln, gab es das Gesetz, daß sie sich das ganze Jahr hindurch an ein einziges Kleid gewöhnen sollten, in der Überzeugung, sie würden sich so sowohl gegen Kälte wie gegen Hitze besser abhärten. Was aber das Brot anlangt, so verordnete er, jeder solle sich für sich selbst mit so viel versorgen, daß er sich durch Überfüllung nie beschwere, wohl aber Mangel zu ertragen lerne. Denn er glaubte, wenn sie so erzogen würden, könnten sie eher, wenn es nötig wäre, ohne gegessen zu haben, sich fortwährend anstrengen, eher, wenn es befohlen würde, mit der gleichen Nahrung längere Zeit ausreichen, würden sie weniger Verlangen nach einer Zukost haben und sich leichter an jede Speise halten und würden sie gesünder bleiben. Auch trage, meinte er, zum Wachsen und Großwerden mehr die Nahrung bei, die die Körper schlank mache, als die, die ihn dick mache. Damit sie aber auch vom Hunger nicht zu sehr gequält würden, erlaubte er ihnen, zwar nicht, was sie noch weiter bedürfen, ohne Mühe zu nehmen, gestattete ihnen aber, einiges zu stehlen, um den Hunger zu stillen."[97]

„Auch noch [als ein Teil der Erziehung] sind mit zu nennen die Einrichtungen, die auf Ertragung von Schmerzen abzielen und die bei uns [in Sparta] eine große Rolle spielen, wie sich teils bei den Faustkämpfen der Knaben untereinander zeigt, teils bei bestimmten Raubzügen, bei denen es nicht ohne eine gewisse Tracht Schläge abgeht."[98]

„Ihre Kinder erziehen die Spartaner so, daß sie sich niemals anfüllen, damit sie lernen, sich beim Trinken zu beherrschen."[99]

„Die Gesetze ... des Lykurg üben die Jugend durch Jagen und Laufen, durch Hunger und Durst und durch Hitze und Kälte im Ertragen von Anstrengungen."[100]

Die Leistungen der Knaben in der Abhärtung des Körpers und die Genügsamkeit ihrer Lebensführung wurden von den höchsten Staatsbeamten, den Ephoren, überwacht. Wer seinen Körper nicht in Zucht hatte und sich unerlaubtem Genuß hingab, wurde bestraft:

„Die Lakedämonier hatten ein Gesetz, das die Bestimmung enthielt, kein Lakedämonier dürfe eine Farbe haben, die nicht männlich oder eine Beleibtheit, die mit den körperlichen Übungen unverträglich sei. Dieses glaubt man als einen Beweis von Trägheit, jenes als ein Merkmal von weibischem Wesen ansehen zu müssen. Das Gesetz erhielt aber noch den Zusatz, daß die mannbaren Jünglinge alle zehn Tage nackt vor den Ephoren erscheinen sollten. Fand man sie dann kräftig und derb und durch die Leibesübungen sozusagen geschnitzt und gedrechselt, so wurden sie belobt. War aber an einzelnen Gliedern etwas Schlaffes, Schwammiges und Aufgedunsenes zu bemerken, weil sich ihrer Lässigkeit wegen allmählich Fett ansetzte, dann wurden sie mit Schlägen bestraft. Die Ephoren richteten ihre Sorge aber auch darauf, jeden Tag sorgfältig nachzusehen, ob nicht bei diesem oder jenem Kleidungsstück Abweichungen von der gesetzlichen Form vorkamen. ...

Dieselben führten einst den Nauklides, den Sohn des Polybiades, der infolge seiner Schwelgerei allzu beleibt und fett geworden war, in die Versammlung des Volkes, das sich zu einem festlichen Schauspiel zusammengefunden hatte, und bedrohten ihn mit der Verbannung, wenn er nicht sein bis dahin mehr nach jonischer als nach lakedämonischer Sitte geführtes strafwürdiges Leben in Zukunft ändere, denn sein Aussehen und seine Leibesbeschaffenheit mache Lakedämon und seinen Gesetzen Schande."[101]

„... es galt als große Schande, in seinem Aussehen ein Zeichen von Unmännlichkeit an sich zu haben und übermäßig dick zu erscheinen, wenn die Jünglinge sich alle zehn Tage nackt vor den Ephoren zeigen mußten. Die Ephoren prüften aber auch jeden Tag die Schicklichkeit der Kleidung und des Nachtlagers."[102]

Über die Art und den Betrieb der gymnastischen und militärischen Übungen erfahren wir aus den Quellen nur Bruchstückhaftes. Der Grund für diese Dürftigkeit der Überlieferung liegt nicht daran, daß diese Seite der Leibeserziehung in Sparta weniger entwickelt war, sondern umgekehrt, die hohe Kultur der spartanischen Leibesübungen war in ganz Griechenland so sehr bekannt und ihr Betrieb den Einrichtungen in den anderen griechischen Staaten so weit verwandt, daß die fremden Beobachter, deren Augenmerk viel mehr auf das Abweichende und Außerordentliche als auf das Alltägliche und Gemeinsame gerichtet war, über sie nur wenig berichteten.

Entsprechend der gemeingriechischen Sitte umfaßte die gymnastische Ausbildung vor allem die Übungen im Fünfkampf, wie er auf den großen griechischen Nationalfesten ausgefochten wurde: Laufen, Springen, Diskuswerfen, Speerwerfen und Ringkampf. Der Faustkampf, der ursprünglich gerade in Sparta heimisch war, wurde später verboten. Neben den sportlichen Übungen wurden die Knaben in einfachen kriegerischen Künsten geschult.

Die Überlieferung berichtet, daß die Spartaner allen anderen Griechen in der Veranstaltung planmäßiger gymnastischer Übungen vorangegangen seien und daß sie diese als erste zu großer Blüte gebracht hätten:

„Die Lakedämonier haben als erste das Ballspiel und die gymnastischen Übungen getrieben"[103],

und Plato berichtet im „Staat",

„... daß zuerst die Kreter die gymnastischen Übungen einführten, denen dann die Lakedämonier folgten."[104]

Das Hauptanliegen der sportlichen Ausbildung war nicht ein Höchstmaß an Fertigkeit und technischer Routine, sondern die Steigerung der Tüchtigkeit des ganzen Körpers und der sie belebenden Gesinnung einer tapferen und zu jeder Anspannung bereiten Haltung:

„Denen, die sich im Ringen übten, geben sie keine Ringlehrer, damit ihr Wetteifer nicht auf die Kunst, sondern auf die Tapferkeit gehe. Daher gab auch Lysander auf die Frage, wie Choron ihn besiegt habe, die Antwort: ‚Durch seine vielerlei Kunstgriffe.'"[105]

In demselben Sinn rühmt ein lakedämonischer Wettkämpfer von sich:

„Nicht von Messenas Flur, noch von Argolis kam ich zum Ringkampf,
Mich hat Sparta gezeugt, Sparta, die Mutter des Ruhms.
Andere pflegen der Kunst; ich, wie es den mutigen Söhnen
Lakedämons geziemt, siege durch männliche Kraft."[106]

Daß es den Spartiaten bei allen körperlichen Übungen vor allem auf das Ethos und die Haltung des Kämpfers ankam, wird auch darin offenbar, daß sie diejenigen Sportarten vermieden, von denen eine Gefährdung und Schwächung der sittlichen Widerstandskraft ausgehen konnte:

„Lykurg gestattete seinen Mitbürgern nur solche Kampfspiele, bei denen die Hand nicht ausgestreckt würde. Als man ihn nach der Ursache fragte, gab er zur Antwort: ‚Damit keiner von ihnen sich gewöhnt, im Kampfe den Mut sinken zu lassen.'"[107]

„Unter den Wettkämpfen verbot er den Faustkampf und das Pankration[108], damit sie auch nicht einmal im Scherze sich gewöhnten, sich als
überwunden zu ergeben."[109]

„Der Faustkampf ist eine Erfindung der Lakedämonier ... Im Lauf der
Zeit aber gaben sie den Faustkampf und desgleichen das Pankration auf,
da sie es für schimpflich hielten, sich an solchen Wettkämpfen zu betei-
ligen, bei denen die Gefahr besteht, daß, wenn ein einziger sich ergibt,
Sparta dem Vorwurf der Feigheit verfallen ist."[110]

III

Einen so breiten Raum im Leben der Knaben auch die Leibesübungen einnah-
men, so waren sie doch nur ein Bestandteil in der umfassenderen erzieherischen
Aufgabe der *Charakterzucht*. Charakterprägung war das tiefste und immer be-
herrschende Anliegen der spartanischen Jugendführung; ihr dienten ebenso sehr
alle die besonderen Einrichtungen des jugendlichen Lebens wie auch alles das,
was aus den allgemeinen Ordnungen des ganzen Gemeinwesens in die Welt der
Knaben ausstrahlte: Ernst und Spiel, Alltag und Feier, die Gemeinschaftssitten der
Gleichaltrigen und das Zusammensein mit den Älteren, Körperübung und musi-
sches Treiben, alles wirkte auf das eine Ziel hin: das Lebensgesetz des Staates zu
dem unverbrüchlichen persönlichen Lebensgesetz jedes einzelnen Knaben zu
machen.

Die Grundeigenschaften, die den Charakter des jungen Spartaners bestimmten,
waren: Gehorsam, Tapferkeit und Ehrgefühl.

Gehorchen zu lernen, Disziplin zu halten und in unerschütterlicher Treue die
Gebote der Gemeinschaft zu erfüllen, war die höchste Forderung an jeden Knaben.

Der Gehorsam gegen den Staat und seine Führer galt in ganz Griechenland als
der hervorstechendste Zug im Wesen der Spartaner. Sie waren seinetwegen bei
allen Stammverwandten berühmt, erschienen aber auch deswegen bei manchen
Vertretern der demokratischen Freistaaten als unfrei und engherzig:

„Von den Wissenschaften lernten sie nur so viel, als sie zur Not brauchten; der ganze übrige Unterricht zielte darauf ab, daß sie pünktlich gehorchen, Strapazen ertragen und im Kampfe siegen lernten."[111]

„Simonides soll Sparta menschenbändigend genannt haben, weil es vor
allem die Bürger durch Gewöhnung den Gesetzen gehorsam und untertänig mache und sie wie Pferde gleich vom ersten Anfang an zähme."[112]

„Sokrates sagte, du kennst den Lakedämonier Lykurg. Hätte er wohl Sparta in irgend etwas vor den anderen Staaten auszeichnen können, wenn er nicht vor allem daraufhin gearbeitet hätte, daß den Gesetzen Gehorsam geleistet würde. Solltest du nicht auch wissen, daß diejenigen Staatsmänner die besten sind, denen die Ehrfurcht der Bürger vor den Gesetzen am meisten am Herzen liegt, und daß die Stadt, in der die Bürger den Gesetzen am gehorsamsten sind, im Frieden am glücklichsten und im Kriege am unbesiegbarsten ist."¹¹³

„Daß man aber in Sparta den Behörden und Gesetzen am meisten gehorcht, wissen wir alle ..., weil in den anderen Staaten die Mächtigen nicht dafür gelten wollen, als fürchteten sie die Behörden, sondern glauben, dies sei eines freien Mannes unwürdig; in Sparta aber dagegen erweisen gerade die Mächtigen den Behörden am meisten Ehrfurcht und rühmen sich dessen, daß sie gehorsam sind, und daß sie, wenn sie gerufen werden, eilen, nicht aber schleichend Folge leisten; denn sie glauben, daß, wenn sie selbst mit eifrigem Gehorsam den Anfang machen, ihnen auch die anderen nachfolgen werden."¹¹³

„Der höchste Ruhm ist es bei ihnen allen, wenn sie sich den Behörden gegenüber untertänig und gehorsam erweisen."¹¹³

Die Spartaner selbst hatten ein klares Bewußtsein von der entscheidenden Rolle des Gehorsams. Sie hielten ihn für das festeste und sicherste Fundament ihres Gemeinwesens und haben ihn in zahlreichen Äußerungen immer wieder als eine der höchsten Tugenden ihres Lebensideals erklärt:

„Auf die Frage, welche Wissenschaft am meisten in Sparta getrieben werde, antwortete [Agis]: ‚Die Kunst, zu befehlen und zu gehorchen.'"

„Ein andermal, als [Agesilaos] gefragt wurde, warum die Spartaner im Vergleich zu den übrigen Völkern so glücklich wären, antwortete er: ‚Weil sie mehr als die anderen lernen, zu befehlen und zu gehorchen.'"

„Dem Xenophon, dem Weisen, den er hochschätzte und bei sich hatte, gab er den Rat, seine Kinder nach Lakedämon kommen und hier erziehen zu lassen, um die höchste aller Wissenschaften zu erlernen, nämlich Befehlen und Gehorchen."

„Als jemand behauptete, Sparta werde durch seine Könige erhalten, welche zu regieren verständen, erwiderte [Thearidas]: ‚Nein, sondern durch seine Bürger, die zu gehorchen verstehen.'"

„Auf die Frage, warum die Spartaner in den Gefahren des Krieges einen solchen Mut zeigten, gab Polydoros die Antwort: ‚Weil sie gelernt haben, vor ihren Anführern Respekt zu haben, nicht aber sich vor ihnen zu fürchten.'"

„Pausanias, des Plistanax Sohn, gab auf die Frage, warum es verboten sei, eins von den alten Gesetzen zu ändern, die Antwort: ‚Weil die Gesetze über die Männer, aber nicht die Männer über die Gesetze Herren sein sollen.'"

„Ein anderer war im Begriff, in der Schlacht seinen Feind mit dem Schwerte niederzuhauen, als das Zeichen zum Rückzug gegeben wurde. Da führte er seinen Schlag nicht aus, und als ihn jemand fragte, warum er den Feind, den er in der Gewalt hatte, nicht getötet habe, rief er aus: ‚Es ist besser, dem Anführer zu gehorchen als zu morden.'"

„Als die Ephoren ihn [den Agesilaos] wegen des Krieges, mit dem Sparta in Griechenland durch das von dem Perserkönig geschickte Geld bedroht war, [aus Asien] abberufen hatten, sagte er, ein guter Anführer müsse sich durch die Gesetze führen lassen, und schiffte aus Asien weg, wo er bei den dortigen Griechen ein großes Verlangen nach sich zurückgelassen hatte.'

„An die Ephoren schrieb er folgenden Brief als Antwort: ‚Agesilaos entbietet seinen Gruß den Ephoren. Wir haben den größten Teil Asiens uns unterworfen, die Barbaren verjagt und in Jonien viele Waffen verfertigen lassen. Da ihr mir aber befehlt, zur bestimmten Zeit zu erscheinen, so folge ich diesem Brief und komme fast noch früher. Denn ich führe mein Amt nicht für mich, sondern für die Stadt und ihre Verbündeten, ein Führer wird aber dann erst mit Recht gebieten, wenn er sich von den Gesetzen und Ephoren, oder was sonst für Obrigkeiten in einer Stadt sind, gebieten läßt.'"

„Er war noch jung, als ihn bei einer Feier der Gymnopädien der Chorführer an einen unansehnlichen Platz stellte. Indessen folgte er, obschon er bereits zum König bestimmt war, und sprach: ‚Gut, so will ich zeigen, daß nicht der Ort dem Mann, sondern der Mann dem Ort die Ehre bringt.'"

„Als Paidaretos in Sparta nicht unter die Dreihundert, die in der Stadt die oberste Ehrenstufe waren, gewählt worden war, ging er heiter und lächelnd nach Hause. Als ihn nun die Ephoren zurückriefen und ihn fragten, warum er lache, antwortete er: ‚Weil ich mich freue, daß die Stadt noch dreihundert Bürger besitzt, welche besser sind als ich.'"

„Damonidas hatte von dem, der den Chor ordnete, die letzte Stelle im Chor angewiesen erhalten. ‚Du hast, o Chorführer' rief er aus, ‚ein gutes Mittel gefunden, auch diesen Platz, der verachtet war, wieder zu Ehren zu bringen.'"[116]

Neben der festen Bindung an das Ganze in Gehorsam und Disziplin waren Kampffreudigkeit und *Tapferkeit* das Hauptziel der Charakterzucht.

„Es scheint mir demnach Lykurg ... seine Gesetze so trefflich gegeben zu haben, ... daß ich sein Verfahren nicht für menschlich, sondern für göttlich halte. Denn die Gleichheit in bezug auf den Besitz, und die Einfachheit und Gemeinschaftlichkeit der Lebensweise mußten die Wirkung haben, das Privatleben zuchtvoll zu machen und das Gesamtleben des Staates von Parteiungen freizuhalten, die Übungen zu Anstrengungen und Gefahren aber, wehrhafte und tapfere Männer zu schaffen. Wenn aber diese beiden Dinge in einer Seele oder einer Stadt vereint sind: Tapferkeit und zuchtvolles Wesen, so kann weder aus ihr selbst leicht eine Schlechtigkeit erwachsen, noch ist es leicht, daß sie von anderen überwältigt werde."[117]

„... in Lakedämon und in Kreta ist sozusagen die ganze Erziehung und die gesamte Gesetzgebung auf den Krieg angelegt."[118]

„... bei den Lakedämoniern ... ist das ganze Dichten und Trachten im Leben darauf gerichtet, das zu erforschen und zu betätigen, durch dessen Kenntnis und Ausübung sie allen anderen im Kriege überlegen werden."[119]

Damit der Geist der Tapferkeit immer wach bleibe, ließen die Gesetzgeber Sparta nicht mit Mauern umgeben. Der Schutz der Stadt sollte nicht auf technische Machtmittel, sondern auf die zuverlässige Mannhaftigkeit seiner Bürger gegründet werden. Plutarch berichtet von Lykurg, daß er auf die Frage, warum die Stadt nicht mit Mauern geschützt sei, geantwortet habe:

„Eine Stadt ist nicht ohne Mauern, welche mit Männern statt der Backsteine eingefaßt ist."[120]

Agesilaos soll auf dieselbe Frage geantwortet haben:

„Nicht mit Stein oder Holz müssen die Städte befestigt sein, sondern mit der Tapferkeit ihrer Bewohner."[121]

Nur miteinander zusammen machten Gehorsam und Tapferkeit den Inbegriff der spartanischen Charaktertüchtigkeit aus. Die spartanische Sitte hatte ein feines Gefühl dafür, daß keines auf Kosten des anderen entwickelt wurde:

„Als Isadas noch im Knabenalter stand und ihn das Gesetz noch nicht unter die Waffen rief, entsprang er aus dem Gymnasion und zeichnete sich im Kampf gegen die Feinde aus. Deswegen belohnten ihn die Lakedämonier zwar mit einem Kranz. Sie legten ihm aber auch zugleich eine Strafe auf, weil er ohne das erforderliche Alter und ohne die gehörige Waffenausrüstung sich unter die Feinde gestürzt hatte."[122]

Neben Tapferkeit und Furchtlosigkeit sind zu allen Zeiten *List* und *Gewandtheit* ein bleibender Bestandteil der kriegerischen Tüchtigkeit gewesen. Die Übung in diesen Tugenden gab den Anlaß zu einer Einrichtung in Sparta, die im übrigen Griechenland viel Verwunderung und Befremden erregte: die spartanischen Knaben hatten das Recht, sich bestimmte Dinge des täglichen Bedarfs durch Diebstahl zu beschaffen. Durch diese Sitte wurden sie in eine Situation der Gefahr versetzt, aus der nur Geschicklichkeit und Unerschrockenheit sie ungefährdet und mit Erfolg hervorgehen ließen:

„Sie [die Knaben] stahlen auch Speisen, soviel sie konnten, und erwarben sich dabei große Gewandtheit, den Schlaf oder die Nachlässigkeit der Wächter zu benutzen. Wer sich ergreifen ließ, mußte mit Schlägen oder mit Hunger büßen. Denn ihr Mahl war karg, damit sie durch das Bedürfnis des Mangels genötigt wurden, für sich selbst durch kühne und schlaue Unternehmungen zu sorgen."[123]

„... Holz und Gemüse ... stahlen sie, indem einige in die Gärten stiegen, andere sich mit Schlauheit und Vorsicht in die Speisesäle der Männer schlichen. Wurde einer ertappt, so bekam er viele Peitschenhiebe, weil er sich beim Stehlen so tölpelhaft und ungeschickt benommen hatte. Auch von Eßwaren stahlen sie, was ihnen in die Hände kam, und lernten dabei diejenigen, die schliefen oder sorglos Wache hielten, meisterhaft zu betrügen. Wer sich dabei ertappen ließ, wurde mit Schlägen oder Hunger bestraft."[124]

„Beim Stehlen bewiesen die Knaben so viel Vorsicht und Behutsamkeit, daß wohl einer, der einen jungen Fuchs entwendet hatte und ihn unter dem Mantel verborgen hielt, sich von dem Tiere mit Klauen und Zähnen lieber den Bauch aufreißen, ja sich töten ließ, als daß er die Sache aufdeckte."[125]

„Daß Lykurg ihnen nicht aus Mangel gestattete, sich selbst durch List Nahrung zu verschaffen, wird, denke ich, niemand unbekannt sein. Offenbar aber ist, daß, wer stehlen will, bei Nacht wachen und bei Tag schlau und listig handeln und Kundschafter bereit halten muß, wenn er etwas bekommen will. Aus allem diesem geht deutlich hervor, daß er den Knaben diese Erziehung gab, um sie geschickter in der Beschaffung des zum Leben Notwendigen zu machen und um sie zum Kriege tauglicher werden zu lassen. Vielleicht aber möchte nun jemand sagen: Warum hat er denn, wenn er das Stehlen für recht hielt, demjenigen, welcher ertappt wird, viele Schläge als Strafe auferlegt? Darum, antworte ich, weil man auch sonst bei allem, was Menschen lernen, diejenigen, welche etwas nicht recht machen, straft. Auch sie also züchtigen diejenigen, welche ertappt wurden, weil sie ungeschickt stehlen."[126]

„Die Lakedämonier gewöhnen sie [ihre Knaben] auch daran, zu stehlen, und wenn einer ertappt wird, bestrafen sie ihn mit vielen Schlägen, damit sie lernen, im Krieg Anstrengungen zu ertragen und ohne Schlaf auszukommen."[127]

In den spartanischen Knaben wurde von früh auf ein empfindliches *Ehrgefühl* und ein lebhafter Ehrgeiz wachgerufen. Durch die Triebkraft dieses Ehrgefühls wurde ihr Verantwortungsbewußtsein in immer wacher Lebendigkeit gehalten und wurden sie angetrieben, im Wetteifer miteinander ihre Leistungsfähigkeit auf das höchste anzuspannen und zu steigern:

„Von der Lust, ... welche der Ruhm und der Glanz schöner Taten gewährt, sich besiegen zu lassen, macht den Jünglingen in Sparta keine Schande. Vielmehr wollen die Spartaner, daß ihrer Söhne Herz gleich von Anfang an für die Ehre schlage und durch Tadel betrübt und durch Lob entzückt werde; wen dergleichen kalt und gleichgültig läßt, der wird als ein träger, keiner Tugendliebe fähiger Mensch verachtet."[128]
„Denn so wie die Naturforscher glauben, daß, wenn Streit und Uneinigkeit aus dem Weltall weggenommen würden, bei der Harmonie aller Teile miteinander nicht nur die himmlischen Körper stille stehen, sondern auch die Entstehung und Bewegung aller Dinge aufhören müßten, so scheint auch der lakedämonische Gesetzgeber Ehrgeiz und Eifersucht wie einen Zunder der Tugend in seinen Staat geworfen zu haben, in der Absicht, daß ein beständiger Streit und Wetteifer unter den guten Bürgern herrschen sollte, weil eine wohlwollende Gesinnung, die sich gegen jeden, ohne erst seine Kräfte an einem Gegner geprüft zu haben, gleich gefällig erweist, ganz träge und untätig bleibt und den Namen Eintracht mit Unrecht führt."[129]

Waren Lob und Ehre der sichtbare Lohn des verdienstvollen Mannes, so traf unerbittliche Schande den, der vor den Anforderungen des Staates versagte:

„Bewundernswert ist auch folgendes von Lykurg: er bewirkte in seinem Staate, daß ein ehrenvoller Tod einem schimpflichen Leben vorgezogen wird. Denn bei näherer Untersuchung wird man gewiß finden, daß von denen, die tapfer aushalten, weniger fallen als von denen, die lieber aus der Schreckensszene davonlaufen. Man kann daher mit Wahrheit sagen: der Tapferkeit folgt eher Rettung auf längere Zeit als der Feigheit, denn sie ist müheloser und freudenreicher, und sie vermag weit mehr und ist von größerer Kraft. Offenbar aber ist, daß auch der Ruhm am meisten der Tapferkeit folgt, denn mit den Tapferen wollen alle in einer Kampfgenossenschaft sein. Wie er es aber erreichte, daß dies geschehe, auch das darf ich nicht übergehen. Er hat nämlich den Tapferen ein glückliches, den Feigen aber ein unglückliches Leben bereitet. In den anderen Staaten trifft einen, wenn er feige ist, nur die Nachrede der Feigheit, aber der Feigling handelt auf demselben Markt mit dem Tapferen und sitzt neben ihm und übt sich mit ihm in den Leibesübungen, wenn er will. In Lakedämon aber würde sich jeder schämen, einen Feigen zum Tischgenossen oder zum Mitkämpfer im Ringen zu nehmen. Oft bleibt ein solcher, wenn man die Mitspieler zum Ballschlagen wählt, übrig, ohne einen Platz zu finden, und er wird bei festlichen Chören auf die Plätze der Ehrlosen getrieben; ferner muß er auf der Straße ausweichen und von den Sitzen auch vor den Jüngeren aufstehen. Und die ihm angehörigen Mädchen muß er zu Hause erziehen, und diese müssen die Schuld seines unmännlichen Verhaltens tragen; ohne Frau darf er [als Bürger] sein Haus nicht lassen, und zugleich muß er dafür, daß er als Ehrloser keine Frau bekommt, Strafe erleiden. Mit Öl gesalbt darf er nicht einhergehen und es den Unbescholtenen nicht gleichtun, oder er muß sich von den Besseren Schläge gefallen lassen. Ich wundere mich nicht, da solche Schande auf den Feigen lastet, daß man dort den Tod einem solchen ehrlosen und schmachvollen Leben vorzieht."[150]

IV

Mit dem Ende des Knabenalters hörte die Erziehung nicht auf, sondern erreichte nur eine neue Stufe. Die *Jünglinge* blieben in den Jugendbünden, sie unterstanden weiterhin deren Zucht und übten sich miteinander in der Ausbildung ihrer körperlichen Tüchtigkeit. Neben dieser Fortsetzung des im Knabenalter Begonnenen wurden sie vor neue Aufgaben gestellt. Dadurch, daß sie jetzt auch zu bestimmten politischen Aufträgen und Ämtern herangezogen wurden, wuchsen sie allmählich in die männliche Verantwortung und die aktive Teilnahme am Staatsleben hinein. Diejenigen, die sich bewährt und ausgezeichnet hatten, wurden als Führer der Knabenbünde berufen, sie traten als Hopliten in das Heer ein und nahmen zum erstenmal an den Kriegen teil, und sie wurden zu bestimmten Diensten in der inneren Staatsverwaltung herangezogen. Aus den Besten von ihnen wurde ein kleines besonderes Elitekorps zusammengestellt:

„Wenn sie aus dem Knabenalter herauswachsen und Jünglinge werden, so nehmen die übrigen Griechen ihre Kinder von den Aufsehern und Lehrern fort; niemand führt jetzt Aufsicht über sie, sondern sie überlassen sie ganz sich selbst. Lykurg dagegen hat auch hiervon Entgegengesetztes angeordnet. Da er nämlich bemerkte, daß bei den Jünglingen dieses Alters der Hochmut ganz besonders stark wird, daß vor allem ein trotziger Mutwille sich in ihnen erhebt, und daß eine heftige Sucht nach Vergnügungen in ihnen mächtig wird, so legte er ihnen in dieser Zeit die meisten Anstrengungen auf und erdachte für sie die meisten Arbeiten ... Um ihnen außerdem das Gefühl für Sittsamkeit stark einzuprägen, verordnete er, daß sie auf der Straße beide Hände unter dem Mantel behalten, schweigend einhergehen und nicht umherblicken sollten und nur auf das sehen durften, was ihnen vor den Füßen lag. Dadurch wurde nun auch offenbar, daß das männliche Geschlecht auch in Beziehung auf die Selbstbeherrschung stärker ist als die Natur der Frauen ... Denn man wird weniger ihre Augen ablenken als die der ehernen Bilder, und sie für züchtiger halten als selbst Jungfrauen im Schlafgemach ... Auf die angehenden Männer aber verwandte er bei weitem die meiste Sorgfalt in der Überzeugung, daß diese, wenn sie werden, was sie sollen, am meisten zum Wohle des Staates beitragen."[131]

Der Eintritt der Jünglinge in den Kriegsdienst hatte einen festlichen und erhebenden Charakter. Im Feuer der ersten Begeisterung durfte sich der kämpferische Eifer über die sonst geltende Zurückhaltung und Selbstbeherrschung hinwegsetzen. Festlich geschmückt zogen sie in Erwartung des Kampfes ins Feld. Obgleich während des Krieges die erzieherischen Pflichten gelockert waren, wurden Übung und Lehre nicht unterbrochen:

„Im Kriege wurde die strenge Zucht zugunsten der Jünglinge milder gehandhabt. Man wehrte ihnen nicht, das Haar oder ihre Waffen und Kleider zu schmücken, und sah es gern, wenn sie gleich feurigen Rossen nach Kampf und Streit schnaubten. Sie ließen zwar, sobald sie das Jünglingsalter erreichten, ihr Haar wachsen, aber nur bei bevorstehenden Gefahren pflegten sie es auf das sorgfältigste zu putzen und zu ordnen, im Gedenken an die Worte des Lykurg, daß das Haar wohlgebildete Leute schöner, häßliche aber furchtbarer mache. Auch waren die Leibesübungen während der Feldzüge weniger mühsam als zu Hause, und man band überhaupt die Jünglinge nicht so genau an die vorgeschriebene Ordnung, so daß für sie allein der Krieg eine Erholung von den kriegerischen Übungen war."[132]

„Denn sonst war unter allen griechischen und königlichen Heeren das spartanische das einzige, das keine Schauspieler, keine Taschenspieler, keine Tänzerinnen und Sängerinnen im Gefolge hatte, sondern von allen Ausschweifungen, Possenspielen und Lustbarkeiten gänzlich rein blieb. Die meiste Zeit waren die Jüngeren mit ihren Leibesübungen und die Älteren mit der Unterweisung jener beschäftigt; hatten sie einmal Zeit, so trieben sie untereinander nach lakonischer Sitte ihr Spiel mit scherzhaften Neckereien und witzigen Einfällen ..."[133]

Die erste Beteiligung der Jünglinge an den inneren Aufgaben der Staatsverwaltung geschah in der Einrichtung der sogenannten Krypteia. Die Krypteia war die Zusammenfassung der jungen Männer zu einer besonderen Truppe. Für den Dienst in dieser Truppe hatten sie ihre Bünde in Sparta zu verlassen. Sie mußten sich auf das ganze Land verteilen und dort, versteckt vor allen anderen Menschen, ganz auf sich selbst gestellt und ohne jede Hilfsmittel, herumstreifen und bestimmte Wach- und Sicherheitsaufgaben ausführen. Der volle Sinn dieser Einrichtung ist dunkel und schwer mit genauer Sicherheit zu erschließen. Schon die alten Berichterstatter waren sich über sie im unklaren. Die einen hielten sie für eine geheime Polizeitruppe, die sich aus den Tapfersten der Jünglinge zusammensetzte und den Auftrag hatte, gefährliche und verdächtige Elemente unter den Heloten insgeheim ohne ein Gerichtsurteil zu beseitigen. Die anderen sahen in ihr vor allem eine erzieherische Veranstaltung, die der militärischen Ausbildung diente, die die Jünglinge noch einmal kurz vor dem Eintritt in das Mannesalter vor äußerste Anforderungen stellen sollte, und die mit diesem erzieherischen Zweck zugleich Aufgaben des staatlichen Sicherheitsdienstes verband. Nach der Übersicht über die widerspruchsvollen Quellen und dem Hinzukommen neuen Materials ergibt sich, daß erzieherische Absichten die Einrichtung der Krypteia sehr wesentlich mitbestimmten, und daß sie ein Bestandteil der allgemeinen Ausbildung war. In der Krypteia verbanden sich letzte erzieherische Maßnahmen mit den Anfängen des selbständigen Staatsdienstes. Die Jünglinge wurden in eine Art künstlichen Kriegszustandes und in eine Situation völligen Aufsich-selbst-Angewiesenseins versetzt. Hier wurden alle Forderungen ihrer Erziehung in stärkster Konzentration noch einmal an sie gestellt, und sie hatten das, was sie bisher in der Gemeinschaft ihrer Bünde und auf Befehl ihrer Führer getan hatten, in freier Selbständigkeit ganz für sich allein zu leisten. Gleichzeitig wurde diese letzte Erziehungsprobe in den Dienst der Sicherung und Überwachung des Landes gestellt.

Die Hauptzeugnisse für die Verknüpfung der Krypteia lediglich mit der Helotenbekämpfung sind folgende:

„Mit dieser Krypteia verhielt es sich so: Die Oberen schickten von Zeit zu Zeit die Verständigsten und Kühnsten unter den Jünglingen, die sonst nichts als einen Dolch und die notwendigsten Lebensmittel bei sich hatten, ohne besonderen Zweck aus, das Land zu durchstreifen. Diese trieben sich dann überall herum, hielten sich den Tag über in Schlupfwinkeln verborgen; des Nachts aber gingen sie auf die Landstraßen und töteten alle Heloten, die ihnen in die Hände fielen. Zuweilen durchstreiften sie sogar die Felder und machten da die Stärksten und Ansehnlichsten unter denselben nieder."[154]

„Lykurg soll auch die Krypteia eingerichtet haben; bei dieser gehen sie auch jetzt noch aufs Land, halten sich tagsüber verborgen, des Nachts aber ergreifen und entführen sie so viele von den Heloten, wie erforderlich ist."[155]

Diesen Zeugnissen gegenüber sah Platon in der Krypteia vor allem eine erzieherische Einrichtung:

„Ferner [ist unter den Übungen der Jugend zu nennen] auch noch die sogenannte Krypteia, die, voller Beschwerden, ganz erstaunliche Anforderungen an die Beharrungskraft stellt mit ihrem Barfußgehen in Winterszeit, mit ihrem Schlafen auf dem nackten Erdboden und ihrer Beschränkung auf die bloße Selbsthilfe unter Verzicht auf jede Beihilfe von Dienern; und dabei gilt es, bei Nacht und bei Tage die ganze Landschaft zu durchstreifen."[156]

„Die Jünglinge wurden aus der Stadt fortgeschickt, damit sie für lange Zeit nicht gesehen würden. Sie mußten die Berge durchstreifen und durften sich nicht sorglos zur Ruhe legen; sie sollten lernen, sich nicht ergreifen zu lassen und ohne Bedienstete und ohne Nahrung mit sich zu führen, zu leben. Dieses und anderes ist eine Art Vorübung für den Krieg. Jeder von ihnen wurde nackt entlassen mit dem Auftrag, sich die ganze

Zeit draußen in den Bergen aufzuhalten und sich von Diebstahl und ähnlichem zu ernähren, aber so, daß er von niemand gesehen würde. Daher der Name Krypteia. Diejenigen, die irgendwie entdeckt werden, werden bestraft."[137]

Trotz des allmählichen Heranreifens zur Selbständigkeit im Kriegs- und Friedensdienst des Staates war den Jüngeren jede Teilnahme am Wirtschaften verboten:

„Diejenigen, welche das dreißigste Jahr noch nicht zurückgelegt hatten, gingen gar nicht auf den Markt, sondern ließen ihre Hausbedürfnisse durch ihre Verwandten und liebsten Freunde besorgen."[138]

Die höchste Ehre, die ein Jüngling erreichen konnte, war die Aufnahme unter die dreihundert Ritter, die Hippeis. Die Ritter waren ein Elitekorps, das im Krieg und Frieden mit besonders wichtigen und ehrenvollen Aufgaben betraut wurde. Diese Auszeichnung war ein Mittel, den Ehrgeiz der Jünglinge zu erregen, das Beste aus sich herauszuholen. Die Mitglieder des Ritterkorps wurden in strenger Auslese als die Tüchtigsten aus der gesamten jungen Mannschaft von drei Männern im Auftrag der Ephoren ausgewählt und hatten ihren Vorzug durch einen Wettkampf mit allen anderen Jünglingen ständig neu zu erweisen:

„Auf die Jünglinge wandte Lykurg bei weitem die meiste Sorgfalt, in der Überzeugung, daß sie, wenn sie werden, was sie sollen, am meisten zum Wohle des Staates beitragen. Weil er nun sah, daß bei denen, die am stärksten vom Wetteifer gepackt sind, die Chorgesänge am hörenswertesten und die körperlichen Kämpfe am sehenswertesten sind, so glaubte er, daß auch die angehenden Männer dadurch zu dem höchsten Grade der Mannestugend gelangen würden, wenn er sie zu einem Wettstreit der Tüchtigkeit vereinigte. Wie er sie nun zusammenführte, will ich erzählen. Von denen, die in der Blüte der Jahre stehen, wählen die Ephoren drei aus; diese werden Hippagereten genannt. Von diesen sucht jeder hundert Jünglinge aus, indem er angibt, warum er die einen vorzieht und die anderen verwirft. Diejenigen nun, die diese Ehre nicht erlangen, werden die Feinde derer, die sie ausgestoßen haben, und derer, die an ihrer Statt gewählt wurden, und beobachten einander, ob sie sich etwa gegen das, was als recht und gut gilt, vergehen. Und das ist gewiß der den Göttern angenehmste und dem Staat nützlichste Streit, bei dem es sich zeigt, was der vortreffliche Mann tun muß, und in dem außerdem beide Teile sich üben, damit sie immer die besten seien, und wenn es nötig ist, jeder dem Staate Hilfe leiste mit aller seiner Kraft. Sie müssen dabei aber auch nach Wohlbeschaffenheit des Körpers streben, denn sie kämpfen überall, wo sie zusammenkommen, wegen dieses Streites den Faustkampf miteinander aus. Doch ist jeder, der die Kämpfenden antrifft, ermächtigt, sie zu trennen; folgt aber einer dem Friedenstifter nicht, so führt ihn der Paidonomos zu den Ephoren. Diese aber strafen ihn hart, weil sie es dahin bringen wollen, daß die Erbitterung nie so mächtig werde, daß sie den Gesetzen nicht gehorchen."[139]

Im Kriege waren die Ritter die Gefolgschaft und Leibwache des Königs:

„Folgendes sind die Ehrenrechte, die die Spartiaten ihren Königen gegeben haben ..., beim Kriegsheer bilden hundert Auserlesene ihre Wache."[140]

„Man kann beobachten, daß die Lakedämonier für das Wohl ihrer Könige große Sorgfalt aufwenden und daß sie die angesehensten unter ihren Bürgern als Wächter für sie eingesetzt haben, für die es noch weit schimpflicher ist, jene sterben zu sehen als die Schilde von sich zu werfen."[141]

Bei feierlichen Anlässen stellten die Hippeis das Ehrengeleite:

„... und nach reichlichem Lobe geleiteten ihn [den Themistokles] bei seiner Heimkehr dreihundert Auserlesene der Spartaner, die sogenannten Ritter, bis zu den Tegeatischen Grenzen. Und ihn allein unter allen Menschen, von denen wir wissen, haben die Spartiaten geleitet."[142]

„Außerdem schenkten sie ihm [dem Themistokles] den schönsten Wagen, der in der Stadt zu finden war, und ließen ihm durch dreihundert Jünglinge bis an die Grenze das Geleit geben."[143]

Eine letzte Auslese unter der Elite der spartanischen Jugend waren die Agathoergoi. In jedem Jahr wurden aus den Hippeis die fünf Ältesten zur Verwendung in besonderen Vertrauensämtern entlassen.

„Die Agathoergoi sind Bürger, die aus der Mannschaft der Ritter ausscheiden, immer die ältesten, je fünf jährlich. Sie müssen in dem Jahr, in dem sie die Ritter verlassen, die Sendungen des spartanischen Staates verrichten, und keiner darf sonst irgendwo verweilen."[144]

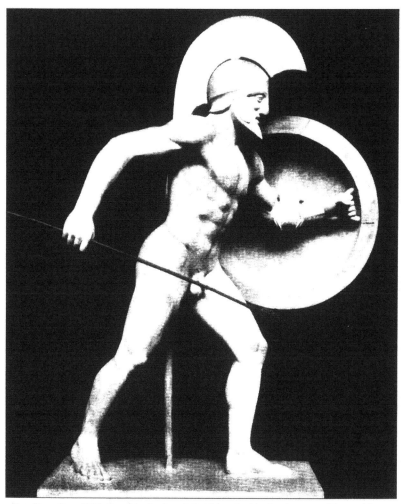

Den Kern der militärischen Macht einer Polis bildete ihr Hoplitenheer aus Bürgersoldaten.
Ab dem 7. Jahrhundert v. Chr. kämpften diese Schwerbewaffneten in dem geschlossenen
Verband der Phalanx, welche die bestimmende Schlachtordnung im Kriege wurde und deren
Beherrschung den Truppen äußerste Disziplin abverlangte.

6. Die geistig-musische Bildung

I

Waren Staatskunst und Kriegsehre der Hauptinhalt spartanischen Lebens, so erschöpfte sich ihre Verwirklichung keineswegs in politischer und militärischer Tätigkeit allein, sonder spartanische Gemeinschaftsgesinnung prägte sich in innerer Einheit mit den Kriegstaten und den Werken der Staatsverwaltung in einer einfachen, aber äußerst kraftvollen und lebendigen geistigen Kultur aus. In Sparta blühte die Dichtkunst seit den ältesten Zeiten. Und Meister, die in ganz Griechenland berühmt waren, schufen eine Musiktradition, die das alltägliche und festliche Leben bereicherte. Im Gegensatz zu der Blüte der musischen Künste galten Notwendigkeit und Nutzen der Wissenschaft als gering, sie wurde nur in ihren elementarsten Fertigkeiten gepflegt. An ihrer Stelle hatten das praktische Erfahrungswissen und eine aus langer Tradition geschöpfte Lebensweisheit einen hohen Rang. So wuchs die spartanische Jugend in einer lebendigen geistigen Überlieferung auf. Und ihre Leibes- und Charakterzucht mündeten aus in eine intensive und sorgfältige geistige Ausbildung.

Die Gleichgültigkeit gegenüber den Wissenschaften im Gegensatz zu dem großen Gewicht der Gelehrsamkeit im Bildungsideal der übrigen griechischen Stämme ist den Beobachtern immer als eine besondere Eigentümlichkeit Spartas aufgefallen:

„Lesen und Schreiben lernten sie nur zur Notdurft. Alle übrigen Wissenschaften waren gleichsam als Fremdlinge verbannt, denn aller Zweck der Erziehung war Gehorsam gegen die Oberen, Ausdauer in Anstrengungen, Sieg im Kampf oder Tod."[145]

Oft wurde aus dem Fehlen der wissenschaftlichen Ausbildung und in einseitiger Blickrichtung auf die praktischen Ziele der Erziehung auf einen Mangel an geistiger Bildung in Sparta überhaupt geschlossen. Diese einseitigen Zeugnisse haben auch das Urteil späterer Zeiten über die Armut des geistigen Lebens in Sparta bis in die Gegenwart hinein mitbestimmt:

„Die Lakedämonier wußten von höherer Bildung durch Wissenschaft und Kunst nichts. Ihre Sorge war nur auf Leibesübungen und Waffen gerichtet. Bedurften sie aber je des Beistandes der Musen bei Seuchen oder irgendeiner anderen allgemeinen Not, so beriefen sie nach Anweisung des Orakels Fremde, die ihnen als Ärzte oder durch Reinigungen helfen sollten. So holten sie den Terpander, den Thales, den Tyrtaios, den Kydoniaten Nymphaios und den Lydier Alkmann. Daß sie keinen Eifer auf Geistesbildung verwandten, bestätigt auch Tukydides dort, wo er von Brasidas spricht. Er war, sagt er, nicht unfähig zu reden für einen Lakedämonier, d. h. für einen ungebildeten Mann."[146]

„Darin aber fehlt es den Lakedämoniern mehr als den Barbaren, denn diese sind ganz offenbar in vielen Erfindungen sowohl Schüler wie Lehrer gewesen, jene aber sind so weit hinter der allgemeinen Bildung und Wissenschaftlichkeit zurückgeblieben, daß sie nicht einmal die niederen Wissenschaften lernen, die eine so große Wirkung haben, daß diejenigen, die sie kennen und üben, nicht nur mit dem vertraut werden, was in ihrem Zeitalter vor sich geht, sondern auch mit dem, was zu irgendeiner früheren Zeit geschah."[147]

Dieser Auffassung gegenüber hat Plato, der bei aller Kritik an dem einseitig gesteigerten Kriegertum für die Strenge und Gemeinschaftsgebundenheit spartanischen Wesens besonders aufgeschlossen war, die Eigentümlichkeit und Stärke der geistigen Energien in Sparta deutlich gesehen:

„Und es finden sich in Sparta nicht nur Männer, die stolz sind auf ihre geistige Bildung, sondern auch Frauen. Daß ich aber die Wahrheit sage, und daß die Lakedämonier trefflich geschult sind für eine philosophische Auffassung der Dinge sowie für treffenden Ausdruck, das könnt ihr aus folgendem entnehmen. Läßt man sich mit einem Lakedämonier in ein Gespräch ein, sei es auch nur der geringsten einer, so wird man finden, daß seine Äußerungen zwar überwiegend einen unbedeutenden Eindruck machen, daß er aber dann auf einmal, wo die Gelegenheit sich gerade bietet, einen eindrucksvollen, kurzen und kraftvollen Ausspruch wie ein geschickter Speerschütze entsendet, so daß der Mitunterredner ihm gegenüber geradezu zum Kinde herabsinkt. Es fehlt nun weder unter unseren Zeitgenossen noch unter den Altvordern an solchen, die zu eben dieser Erkenntnis gekommen sind, daß die eigentliche lakonische Sinnesart weit mehr auf Weisheit als auf Leibesübungen gerichtet ist."[148]

II

Der Grundimpuls der spartanischen Haltung: die kämpferische Selbstbehauptung und der ordnende Gestaltungswille, schlossen das Streben zu einer *klaren und bestimmten Erfassung der Wirklichkeit* in sich ein. Die Knaben, die außer Lesen und Schreiben von den Wissenschaften wenig erfuhren, wurden um so mehr und sehr frühzeitig darin geübt, scharf und genau zu beobachten und entschieden und bestimmt zu urteilen. Vor allem wurden sie dazu angehalten, sich über ihr eigenes und fremdes Leben Rechenschaft abzulegen und in klarer und entschlossener Meinung Rede und Antwort über ihre Beobachtungen zu stehen:

„Nach Tisch legte der Eiren sich hin und befahl dem einen Knaben, zu singen, dem anderen legte er eine Frage vor, auf die eine überlegte Antwort erfolgen mußte, zum Beispiel wer der Beste unter den Männern, oder was von dieser oder jener Handlung zu halten sei. Dadurch wurden sie gleich von Kindheit an gewöhnt, schöne Handlungen zu beurteilen und sich um das Benehmen ihrer Mitbürger zu kümmern. Denn wenn einer auf die Frage, wer ein guter oder schlechter Mann wäre, nicht zu antworten wußte, so galt dies als ein Zeichen trägen und der Tugend nicht fähigen Geistes. Die Antwort mußte mit Gründen und Beweisen begleitet, zugleich aber auch kurz und knapp sein. Wer ohne Nachdenken antwortete, bekam vom Eiren zur Strafe einen Biß in den Daumen."[149]

III

Als Ausdrucksform ihrer Gedankenwelt hatten die Spartaner eine eigentümliche *sprachliche* Sitte entwickelt, die als lakonische Redeweise bei allen Griechen bekannt war. Ihr Wesen war: mit den sparsamen Mitteln, durch wenige scharf geprägte Worte und einfache, treffend überzeugende Bilder einen reichen und stark empfundenen Inhalt mitzuteilen: In dieser Konzentration verband sich eine strenge Sachlichkeit, die allein auf den Kern der Dinge gerichtet war und die Wirklichkeit unverstellt und unverkleidet wiedergeben will, mit dem Willensimpuls, durch die Schlagkraft des gedrängten Wortes sich den Zuhörer zu unterwerfen. Die künstliche Hitze des Pathos und die bunten Farben einer wortreichen Sprache waren den Spartanern verhaßt, und sie verachteten die kunstvolle Rhetorik der Staaten jonischen Stammes.

Die Pflege dieser knappen, bildhaften Sprache blieb nicht dem Zufall und der freien Gewöhnung überlassen, sondern war ein wichtiger Bestandteil der geistigen Ausbildung.

Die wichtigste Vorübung, sie beherrschen zu lernen, war das Gebot der Schweigsamkeit, in der sich die Fülle und Klarheit der Gedanken sammeln und die Schärfe und Bestimmtheit des Ausdrucks vorbereiten konnten. Die Kunst der rechten Sprache selbst wurde in Redeübungen der Knaben und in sorgfältiger Obacht auf ihren Ausdruck geschult:

„Lykurg ordnete an, daß sie [die Jünglinge] ... auf der Straße schweigend einhergehen sollten ... Von jenen wird man weniger einen Laut hören als von steinernen Menschenbildern. Und wenn sie zu den gemeinsamen Mahlen kommen, muß man froh sein, von ihnen, wenn man sie fragt, auch nur irgend etwas zu vernehmen."[150]

„Lykurg aber suchte seine Mitbürger schon von Kindheit an mittels des Stillschweigens zu dieser Fertigkeit, sich kurz und gedrängt auszudrücken, zu bilden. Wie die Keltiberer dem Eisen dadurch Härte zu geben suchen, daß sie es in der Erde vergraben, um es von den erdigen Teilen zu reinigen, so hat auch die Rede des Lakedämoniers keine Rinde, sondern durch die Entfernung alles Überflüssigen wird sie desto kräftiger und härter gemacht. Diese sinnreiche Kürze aber und die Schärfe und Gewandtheit in allen Antworten ist die Frucht langen Schweigens. Man muß daher insbesondere solche Aussprüche den Schwätzern vorlegen [und ihnen zeigen], wie schön und wie kraftvoll sie sind, wie z. B. [der Brief des Lakedämoniers]: Die Lakedämonier an Philipp: ‚Dionysos in Korinth.' Ein andermal, als ihnen Philipp schrieb: ‚Wenn ich in Lakedämon einrücke, will ich Euch wegjagen', schrieben sie nur zurück: ‚Wenn.' Als der König Demetrius sich über die Lakedämonier beschwerte, daß sie nur einen Gesandten an ihn geschickt hätten, geriet der Gesandte darüber gar nicht in Verlegenheit, sondern erwiderte nur: ‚Einen an einen.'"[151]

„Sie lehrten auch die Knaben, in ihren Reden Bitterkeit mit Annehmlichkeit zu verbinden und nach einer nachdrucksvollen Kürze zu streben. Lykurg hatte, wie oben gesagt, der eisernen Münze bei dem schweren Gewicht einen geringen Wert gegeben; die Münze der Rede hingegen machte er nach wenigen einfachen Ausdrücken vielbedeutend und gedankenreich, indem er die Knaben durch viel Stillschweigen gewöhnte, in ihren Antworten witzig und sinnreich zu sein. Denn so wie diejenigen, welche in der Wollust ausschweifen, gewöhnlich die Zeugungs-

kraft verlieren, so bringt auch das Übermaß im Reden nur ein gedanken-
leeres Geschwätz hervor. Der König Agis gab einem Athener, der sich
über die kurzen Schwerter der Lakedämonier lustig machte und sagte,
ein Taschenspieler könnte sie auf dem Theater mit leichter Mühe ver-
schlucken, zur Antwort: ,Und doch wissen wir mit diesen kurzen
Schwertern unsere Feinde recht gut zu treffen.' Dies läßt sich füglich auf
die lakonische Art zu reden anwenden; denn ich finde, daß sie bei aller
anscheinenden Kürze die Sache beim rechten Fleck trifft und auf den
Verstand der Zuhörer den größten Eindruck macht.

Lykurg selbst scheint im Reden eine sinnreiche Kürze angewandt zu haben, wenn man nach einigen ihm zugeschriebenen Aussprüchen urteilen
darf. Dahin gehört z. B. seine Erklärung über die Regierungsform, als er einem, der die Demokratie eingeführt wissen wollte, zur Antwort gab: ,Füh-
re du doch erst die Demokratie in deinem Hause ein.' Ferner der Ausspruch über die Opfer, als einer ihn fragte, warum er so geringe und spär-
liche Opfer angeordnet hätte, und er versetzt: ,Damit wir niemals es unter-
lassen, die Götter zu ehren.' Auch der über die Wettkämpfe, daß er den Bürgern nur die gestattet habe, bei denen die Hand nicht ausgestreckt wird.
Außerdem trägt man sich mit einigen solcher Antworten, die er seinen Mitbürgern schriftlich gegeben haben soll. Auf die Frage z. B.: ,Wie können wir
uns gegen die Einfälle der Feinde sichern?', antwortete er: ,Wenn ihr arm
bleibt und keiner mehr als der andere zu besitzen begehrt.' Und als die
Spartaner wegen der Stadtmauer anfragten, schrieb er: ,Die Stadt ist nicht
ohne Mauern, die statt der Ziegelsteine mit Männern eingefaßt ist.'

Ob man diese oder ähnliche Erzählungen für echt halten oder verwerfen soll, läßt sich freilich nicht so leicht ermitteln; daß aber die Spartaner
gegen alle Weitschweifigkeit im Reden einen Widerwillen hatten, beweisen folgende scharfsinnige Aussprüche. Der König Leonidas sagte zu einem Menschen, der von wichtigen Dingen zur unrechten Zeit redete:
,Mein Freund, du wendest das Nötige unnötig an.' Charilaos, der Neffe
des Lykurg, wurde einst gefragt, warum dieser nur so wenige Gesetze
gegeben habe. Er antwortete: ,Leute, die nicht viele Worte brauchen,
brauchen auch nicht viele Gesetze.' Als einige den Sophisten Hekataios
tadelten, daß er in einer Tischgesellschaft, zu der er geladen war, gar
nichts gesprochen habe, sagte Archidamas: ,Wer zu reden weiß, weiß
auch, wann es Zeit dazu ist.'"[152]

„Sie [die Lakedämonier] üben die Knaben von Geburt an, sich kurz
und knapp auszudrücken und auch geschickt zu spotten und sich ver-
spotten zu lassen."[153]

Die Sitte der lakonischen Sprechweise wurde durch das ganze Leben hindurch vor allem in den Gesprächsgewohnheiten der Männerbünde wachgehalten:

„Bei den Zusammenkünften auf den Übungsplätzen und Leschen ... war ihr liebster Zeitvertreib, rühmliche Taten zu loben und schändliche zu tadeln."[154]

Neben der ernsten Sachlichkeit und der Schärfe des spartanischen Geistes kam in der lakonischen Redeweise auch die Neigung zum Witz und die Freude am Scherz zum Durchbruch und wurde mit großer Lebhaftigkeit gepflegt, wie überhaupt die spartanische Sitte bei allem Ernst und bei aller Gehaltenheit nichts von finsterer Strenge an sich hatte, sondern in ihr eine unbefangene Heiterkeit und ein natürlicher Humor zu ihrem vollen Recht kamen:

„Ich habe oben bemerkt, daß auch ihre beißenden Äußerungen nicht ohne gefälligen Witz waren; hier einige Beispiele. Damaratos gab einem schlechten Menschen, der ihn mit taktlosen Fragen behelligte und immer von ihm wissen wollte, wer unter den Spartanern der Beste sei, zur Antwort: ‚Der dir am wenigsten ähnlich ist.' Als einige die Eleer deshalb lobten, weil sie die Olympischen Spiele so gut und mit so viel Gerechtigkeit veranstalteten, sagte der König Agis: ‚Ist denn das etwas Großes, alle fünf Jahre einen einzigen Tag Gerechtigkeit zu üben?' Ein Fremder wollte dem Theopomp einen Beweis seiner Zuneigung geben und versicherte, daß ihn seine Landsleute nur den ‚Spartanerfreund' nennten. Dieser antwortete ihm: ‚Es wäre dir rühmlicher, wenn sie dich einen Bürgerfreund nennten.' Einem athenischen Redner, der die Lakedämonier unwissende Leute nannte, erwiderte Pleistoanax, der Sohn des Pausanias: ‚Du hast wohl recht, denn wir sind die einzigen unter den Griechen, die von euch nichts Böses gelernt haben.' Auf die Frage: ‚Wieviel sind der Spartaner?', versetzte Archidamidas: ‚Immer genug, um die Feigherzigen zu vertreiben.'
Auch aus diesen Scherzen läßt sich leicht schließen, daß sie frühzeitig gewöhnt wurden, nichts Unnützes zu sagen und nur treffende und gedankenreiche Reden hören zu lassen. So sagte einer, der aufgefordert wurde, einen Menschen zu hören, der den Gesang der Nachtigall nachmachte: ‚Ich habe diese schon selbst gehört.' Ein anderer, der bei der Stadt Selinus in Sizilien folgende Inschrift las:

Ares tötete diese, die einst die Tyrannen vertrieben,
Ach! Sie fanden den Tod neben dem Tore der Stadt –

rief dabei aus: ‚Diesen geschah recht, denn sie hätten die Tyrannei ganz vernichten sollen.' Einem der Jünglinge versprach jemand Hähne zu geben, die sich im Kampfe töten ließen. ‚Nein', versetzte jener, ‚gib mir lieber solche, die im Kampfe töten.' Ein anderer, der Leute auf Nachtstühlen sitzen sah, rief aus: ‚Das sei ferne, daß ich mich auf einen Platz setze, wo ich vor einem Älteren nicht aufstehen kann.'

Von der Art waren ihre witzigen und sinnreichen Reden, so daß einige nicht ohne Grund sagen, der Ausdruck ‚lakonisieren' bedeute mehr eine Neigung zur Philosophie als einen Hang zu gymnastischen Übungen!"[155]

„Lykurg selbst war nicht ein ganz finsterer und mürrischer Mann, vielmehr hat er nach des Sosibios Bericht dem Lachen eine kleine Bildsäule errichtet und den Scherz als eine Versüßung ihrer sonst so harten und beschwerlichen Lebensart, sehr passend bei Gastmählern und dergleichen Zusammenkünften, eingeführt."[156]

An diesen heiteren Formen des Zusammenlebens nahmen auch schon die Knaben teil:

„Zu den Tischgesellschaften durften auch die Knaben kommen … Hier lernten sie sowohl ohne Grobheit scherzen als von anderen Scherz ertragen. Denn das scheint ein den Lakedämoniern eigener Vorzug zu sein, witzigen Scherz zu verstehen."[157]

IV

Der Kreis der musischen Künste in Sparta war begrenzt, er umfaßte: Liederdichtung, Musik und Tanz. Für alle übrigen Künste war dort kein Raum. Aber das Leben innerhalb dieser einfachen künstlerischen Kultur war außerordentlich rege und von hoher Vollendung. Diese drei Grundformen waren durch die Einheit ihrer Gesinnung und durch ihre Verknüpfung in der praktischen Ausübung auf das engste miteinander verbunden. Die Dichtungen lebten im Gesang und in den Klängen der Instrumente, und beide wurden von den chorischen Tänzen begleitet.

Auch die Künste waren mit ihrer formenden und bindenden Kraft dem erzieherischen Willen des Staates eingegliedert. In ihnen wurde die Erinnerung an die Helden und Taten der Vergangenheit in großen Gestalten der Jugend vor Augen gestellt und wurden die Forderungen der überlieferten Sitte und die Lehren der in Generationen erworbenen Lebensweisheit lebendig aufbewahrt. Im Umgang mit den Werken der Dichter, im Singen der alten Lieder und im Spiel der Tänze wurden die Knaben von der Macht des Gemeinschaftsgeistes ergriffen und wurde das kämpferische Feuer in ihnen entzündet.

Die Pflege der *Dichtung* und das Wissen um ihre erzieherische Bedeutung gehen schon auf die frühen Anfänge des spartanischen Gemeinwesens zurück. Die Legende berichtet von Lykurg, daß er die Lieder des Thales und die Gesänge Homers in sein Vaterland gebracht habe, um in den Seelen seiner Mitbürger die rechte innere Gestimmtheit für die neue Ordnung des Staates zu wecken:

„Übrigens wußte er [in Kreta] einen der dortigen Weisen und Staatsmänner, namens Thales, durch Bitten und Freundschaftsbezeugungen zu bewegen, daß er sich nach Sparta begab. Dieser Mann galt als ein lyrischer Dichter, aber unter dem Schein der Dichtkunst bewirkte er etwas, was sich nur von den geschicktesten Gesetzgebern erwarten läßt. Denn seine Lieder waren nichts anderes als Reden, die vermittelst eines sanften und beruhigenden Rhythmus zu Gehorsam und Eintracht antrieben. Durch Anhören derselben nahmen die Spartaner unvermerkt mildere Sitten an, und es erwachte bald ein Eifer zum Guten, der die bisher unter ihnen herrschende feindselige Gesinnung in gegenseitige Zuneigung umstimmte. So bahnte dieser Thales gewissermaßen dem Lykurg den Weg, die Sitten seiner Mitbürger zu verbessern ... Hier [in Jonien] entdeckte er vermutlich zuerst die Gedichte Homers, die bei den Nachkommen des Kreophylos aufbewahrt wurden, und als er fand, daß die darin enthaltenen erzieherischen und politischen Lehren nicht weniger Aufmerksamkeit verdienten als die angenehme und unterhaltende Erzählung, ließ er sie sorgfältig abschreiben und nahm sie sämtlich mit in sein Vaterland. Von diesen Gedichten hatte sich schon unter den Griechen eine dunkle Sage verbreitet, aber noch besaßen nur wenige hin und wieder einzelne Stücke von dem durch einen Zufall zerstreuten Werk, und Lykurg war der erste, der das Ganze allgemeiner bekanntmachte."[158]

Auch der Unterricht in der Dichtung war in Sparta ein praktischer. Die Knaben wurden mit den Werken der vaterländischen Dichter vertraut, indem sie diese auswendig lernten und sangen:

„Auf die Unterweisung in der Dichtkunst wurde nicht weniger Sorgfalt verwendet als auf die Zierlichkeit und Reinheit im Reden. Ihre

Lieder hatten einen gewissen Stachel, der den Mut weckte und zu großen rühmlichen Taten begeisterte. Ihr Ausdruck war ungekünstelt und kraftvoll, der Inhalt erhaben und bildend für die Sitten. Sie bestanden zum größten Teil in Lobeserhebungen solcher Männer, die im Kampf für Sparta gefallen waren und deswegen selig gepriesen wurden; und sie enthielten Beschimpfungen derer, die als feige Flüchtlinge ein trauriges, elendes Leben geführt hatten, einige auch Gelöbnisse oder stolze Reden über die Tapferkeit, so wie es einem jeden Alter angemessen war. Es wird nicht unangemessen sein, hier nur ein Beispiel anzuführen. An feierlichen Festen wurden nach Verschiedenheit des Alters drei besondere Chöre errichtet. Der Chor der Alten sang:

,Wir waren vormals jung, im Kampfe tapfere Streiter.'

Darauf erwiderte der Chor der jungen Männer:

,Und wir, wir sind es noch, versuche das, wer will.'

Zuletzt sang der Chor der Knaben:

,Wir werden's künftig sein, noch mächtiger im Kampf.'

Überhaupt, wenn man die lakonischen Gedichte, von denen einige auf uns gekommen sind, näher betrachtet und zugleich an den Takt des Marsches denkt, der ihnen beim Anrücken gegen den Feind auf der Flöte gespielt wurde, so wird man es wohl nicht übel finden, daß Terpander sowohl als Pindar Musik und Tapferkeit miteinander verbinden. Jener singt nämlich von den Lakedämoniern:

,Hier prangt herrlich der Jünglinge Speer, die liebliche Muse,
Überall herrschet das Recht –'

Und Pindar singt:

,Dort ist der Alten Rat, dort – tapfrer Männer Speere,
Dort Chöre, Jubeltön' und fröhliche Gesänge.'

Beide schildern damit die Lakedämonier als ein Volk, das der Musik ebensosehr wie der kriegerischen Tapferkeit ergeben war.

,Denn schönes Zitherspiel weicht selbst dem Schwerte nicht',

wie der spartanische Dichter [Alkmann] sagt. Auch brachte der König jedesmal vor der Schlacht den Musen ein Opfer dar, vermutlich um die Soldaten an ihre Erziehung und die Urteile anderer zu erinnern, damit diese Göttinnen ihnen in der Gefahr zur Seite ständen und sie zu denkwürdigen Taten begeisterten."[159]

Die heroische Gesinnung war der feste Maßstab für Wert und Geltung der Dichtungen. Werke, die diesem Geist widersprachen, wurden gering geachtet und aus

Sparta verbannt, um ihren auflösenden Einfluß auf die Sittlichkeit der Bürger zu verhindern:

„Kleomenes, der Sohn des Anaxandridas, pflegte zu sagen, Homer sei ein Dichter der Lakedämonier, Hesiod aber der Heloten; denn jener lehre, wie man Krieg führen, dieser, wie man das Feld bebauen solle."[160]

„Ein Lakonier gab auf die Frage, was für ein Dichter Tyrtaios sei, zur Antwort: ‚Er versteht es, den Mut der Jünglinge zu erregen.'"[161]

„Als der Dichter Archilochos in Sparta angekommen war, jagten sie ihn in derselben Stunde wieder fort, weil sie erfuhren, daß er in einem seiner Gedichte behauptet habe, es sei besser, die Waffen wegzuwerfen als zu sterben."[162]

„Komödien und Tragödien hörten sie nicht an, um weder im Ernste noch im Scherze etwas zu hören, was den Gesetzen entgegen sei."[163]

V

Musik als Gesang und Spiel einfacher Instrumente spielten im Leben der spartanischen Jungend eine ganz besonders große Rolle. Sie galt wegen ihrer formenden, den innersten Kern des Menschen unmittelbar bewegenden Wirkung unter allen Künsten als die stärkste erzieherische Macht. Ihre Pflege war deshalb am wenigsten eine beliebige, sondern es wurden mit besonderer Sorgfalt nur die Tonarten geübt, die auf das spartanische Ethos innerlich abgestimmt waren. Von den drei musikalischen Stilformen, die die Griechen entwickelt haben: dem dorischen, den jonischen und dem äolischen Stil, pflegten die Spartaner allein die dorische Form. Die dorische Tonart hatte einen einfachen, klaren und strengen Rhythmus, und in ihr lebte eine ernste Gehaltenheit und schlichte, kraftvolle Großartigkeit. Sie weckte ein Verhalten, in dem die Leidenschaften beherrscht wurden und der Wille lebhaft und energisch angesprochen wurde.

„Aus dem Bisherigen ist einleuchtend, daß die alten Griechen mit Recht die musikalische Bildung zur wichtigsten Angelegenheit machten. Sie waren der Meinung, daß die Seelen der Jugend durch die Musik zur rechten Haltung gebildet und gestimmt werden müssen, denn sie hielten die Musik für ein Mittel, das unter allen Umständen zu jedem ernsthaften Unternehmen, ganz besonders aber in Kriegsgefahren förderlich sei. Für diesen Fall gebrauchten sie entweder die Flöte wie die Lakedämonier, bei denen die sogenannte Kastormelodie auf der Flöte geblasen wurde, sooft sie in Schlachtordnung die Feinde angriffen, oder sie rückten unter den Klängen der Lyra gegen die Feinde vor ... Dafür, daß die wohlgeordneten Staaten sich die Erhaltung einer edlen Musik zu einer ihrer wichtigsten Aufgaben machten, lassen sich viele Zeugnisse bringen. Man denke nur an Terpander[164], der einst einen Aufruhr unter den Lakedämoniern stillte."[165]

„Drei Tonarten haben sich bei den Griechen entwickelt: die dorische, äolische und jonische. Die Unterschiede in ihrem Charakter sind nicht gering ... Der dorische Stil hat kein heiteres und fröhliches, sondern ein männliches und großherziges Wesen, er ist nicht bunt und vielförmig, sondern ernst und leidenschaftlich. Der äolische Stil hat etwas Stolzes und Freudiges und auch ein wenig Geschwollenes ... Der jonische Stil ... ist weder lieblich noch fröhlich, sonder herb und streng und hat etwas Gewichtiges und Edles ... Die Lakedämonier haben von allen anderen Doriern die angestammte Gattung am meisten bewahrt."[166]

„Die meisten aber lernen planlos, was dem Schüler oder dem Lehrer gefällt. Die Verständigen dagegen verwerfen das planlose Treiben, wie die Lakedämonier in den alten Zeiten und die Mantineer und Pellenier. Sie wählten eine einzige oder doch nur wenige Stilarten aus, von denen sie glaubten, daß sie zur Bildung des Charakters beitragen, und trieben die Musik als solche recht."[167]

Die Spartaner hielten an der einheimischen und ihrer Art gemäßen Tonart mit großer Zähigkeit fest und pflegten vor allem die Musik ihrer alten Meister. Gegen das Eindringen von Tonarten, die die überkommene Einfachheit durch künstlichere und verwickeltere Formen auflösten und die die Begierden aufreizten, die Bürger verweichlichten und die Selbstbeherrschung lockerten, gingen sie mit strengen Maßnahmen vor:

„Die Lakedämonier erhielten am meisten von allen Hellenen die Pflege der Musik aufrecht und sie waren in ihrem Gebrauch am eifrigsten; die Liederdichter waren bei ihnen sehr zahlreich. Sie pflegten auch gerade die alten Lieder bis auf die Gegenwart sorgsam und kennen viel von ihnen sehr genau."[168]

„Daran haben die Lakedämonier mit großem Nachdruck festgehalten ..., daß die Musik gemäßigt, einfach und männlich, und nicht weibisch, wild oder kompliziert sei, nachdem der Kreter Thaletas aus Gortyne, der für viel Geld herbeigerufen war, die Knaben in der Musikkunst unterrichtet hatte. Dies war nämlich in alten Zeiten Sitte und hat sich lange

erhalten. Als aber der Milesier Thimoteos den Saiten [der Zither], die er
vorgefunden hatte, eine hinzugefügt und die Musik vielfältiger gemacht
hatte, wurde der Beschluß, ihn aus Sparta zu verbannen, gefaßt ..."[169]

Dieselben Maßnahmen gegen Neuerungen werden auch von den Musikern
Phrynis und Terpander erzählt:

„Phrynis, der zu den sieben Saiten der Lyra noch zwei neue hinzugefügt hatte, wurde von den Ephoren gefragt, ob er die oberen oder die un-
teren wegschneiden lassen wollte."[170]

„Wollte aber einer an der alten Musik etwas ändern, so duldeten sie
es nicht. So bestraften die Ephoren den Terpander, einen der älteren Kit-
haroeden, trotzdem er der beste zu seiner Zeit war und er die Taten der
Heroen besang, nahmen ihm seine Lyra und hingen sie öffentlich auf,
weil er der Abwechslung des Tones wegen nur eine einzige Saite mehr
aufgezogen hatte. Denn nur die einfacheren Melodien sagten ihnen zu.
Als Thimoteos an dem Feste der Karneen auftrat, fragte ihn einer der
Ephoren, mit dem Messer in der Hand, auf welcher von beiden Seiten
er abschneiden solle, was über sieben Saiten sei."[171]

Ganz besonders groß war die Rolle der Musik im Kriege. Die Spartaner zogen
Lieder singend und von Flötenmusik begleitet in die Schlacht. Die Kriegsmusik
erregte einerseits die Kampffreudigkeit und hielt zugleich durch die ordnende
Macht ihrer festen Rhythmen die Soldaten in einheitlicher Disziplin zusammen:

„Wenn das Heer im Angesicht des Feindes in Schlachtordnung stand,
opferte der König eine Ziege und befahl, daß alle Kränze aufsetzten und
die Flötenspieler den Marsch des Kastor blasen sollten; zugleich stimmte er den Schlachtgesang an, was das Zeichen zum Angriff war. Dies gab
denn einen erhabenen und dabei furchtbaren Anblick, wenn sie so nach
dem Takt der Flöte in festgeschlossenen Gliedern einherzogen und ohne alle Bestürzung mit heiterem und gelassenem Mute unter Gesang der
Gefahr entgegengingen. Leute von solcher Stimmung mußten natürli-
cherweise von Furcht wie von übertriebener Hitze frei sein und dagegen
einen standhaften, mit Hoffnung und Zuversicht verbundenen Mut haben, da sie des göttlichen Schutzes sicher waren."[172]

„Die Musik begleitet das Volk [der Lakedämonier] in allen seinen Bewegungen: mit fest geregeltem Schritt rückt es dem Feind entgegen, und
im Kampfe selbst, nachdem die Flöte das Zeichen zum Angriff gegeben,

bestimmen Takt und Töne die Bewegungen des Kriegers; und wirklich haben sie es, durch diese musikalische Wohl-Ordnung geleitet, dahin gebracht, daß sie immer über alle übrigen die Oberhand behielten."[173]
    „Auch die Rhythmen der Lieder, nach denen sie sich bei den Chören bewegten und die sie sich beim Ausrücken gegen die Feinde auf der Flöte vorspielen ließen, waren darauf abgestimmt, zu Mut, Unerschrockenheit und Verachtung des Todes anzuspornen. Lykurg hatte nämlich mit der Kriegsübung die Liebe zur Musik verbunden, damit die zu große Hitze im Kampf, durch die Musik gemäßigt, eine gewisse Harmonie und Gleichförmigkeit gewinne ..."[174]
    „Nun erfolgte das Zusammentreffen [bei Mantinea]: die Argeier und ihre Verbündeten rückten hitzig und rasch vor, die Lakedämonier aber langsam und nach dem Spiel zahlreicher, in ihren Reihen marschierender Flötenbläser, nicht um die Gottheit zu ehren, sondern um nach dem Takt gleichmäßig vorzuschreiten, und damit ihre Reihen nicht zerrissen würden, was bei dem Angriff großer Heere leicht zu geschehen pflegt."[175]

VI

Eine Vollendung der gesamten Erziehung des jungen Spartiaten war der *Tanz*. Die Tanzkunst war in Sparta mehr als die bloße gesetzmäßige Bewegung des Leibes. In ihr schlossen sich in einer gelebten Einheit alle Elemente der Bildung zusammen: die in der Leibeserziehung erwachsene Zucht des Körpers, das in der Charaktererziehung geschaffene Ethos und das in der musischen Bildung geweckte dichterische und musikalische Ausdrucksvermögen gingen im Tanz in einer gemeinsamen Gesamtleistung auf. Der spartanische Tanz war ein chorischer Reigentanz, der im feierlich-kultischen Tanz zu Ehren der Götter, im kriegerischen Tanz als Sinnbild des Kampfes und im heiteren Spiel als burleske Nachgestaltung alltäglichen Treibens aufgeführt wurde. Die Jugend wurde in den einheimischen Tänzen ebenso frühzeitig und mit derselben Sorgfalt wie in den anderen Übungen geschult.

    „Noch jetzt sehen wir, wie die Jünglinge [der Spartaner] die Tanzkunst nicht weniger eifrig betreiben als die Waffenübungen. Wenn sie sich von den Ring- und Faustkämpfen erholen wollen, beenden sie ihren Wettstreit mit einem Tanz. Ein Flötenspieler sitzt mitten unter ihnen und schlägt zu seinem Spiel den Takt mit dem Fuß. Die Jünglinge schlingen einen Reigen und führen, sich nach dem Takt bewegend, mannigfaltige

Figuren aus, die bald kriegerische Bewegungen darstellen, bald tänzerische Bilder, wie Dionysos und Aphrodite sie lieben. Von den zwei Liedergattungen, die sie zu ihren Tänzen singen, ist die eine eine Anrufung der Aphrodite und der Eroten, an ihrem frohen Reigen teilzunehmen; die andere enthält Regeln über die rechte Aufführung des Tanzes, z. B.: Vorwärts, ihr Jünglinge, kräftig ausgeschritten, schön den Reigen verschlungen! Ähnlich ist auch eine andere Art von Tanz, den sie Hormos (Kette) nennen. Dieser wird von den Jünglingen und Mädchen gemeinschaftlich getanzt und hat in der Tat viel Ähnlichkeit mit einer Kette. Den Reigen führt ein Jüngling mit kräftigem männlichen Schritt, ein Mädchen folgt ihm mit sittsamen Bewegungen, ein Beispiel weiblicher Tanzweise gebend, so daß das Ganze gleich einer Kette ist, gewunden aus Sittsamkeit und Mannhaftigkeit. Ein Tanz ähnlicher Art sind bei ihnen die Gymnopädien."[176]

„Aristoxenos berichtet, daß die Pyrriche von dem Lakonier Pyrrichos ihren Namen bekommen habe. Denn Pyrrichos sei noch bis heute ein lakedämonischer Name. Und an ihm könne man erkennen, daß die kriegerische Tanzkunst eine Schöpfung der Lakedämonier sei. Die Lakedämonier sind kriegerisch, und ihre Söhne stimmen Marschlieder an, die auch Waffengesänge genannt werden. Und auch im Kampfe bewegen sich die Lakedämonier, die Lieder des Tyrtaios aus dem Gedächtnis singend, im Gleichschritt.

Philochoros berichtet, daß die Lakedämonier, nachdem sie die Messenier durch die Feldherrenkunst des Tyrtaios besiegt hätten, auf ihren Feldzügen beim Mahl und bei ihren Gesängen es sich zur Gewohnheit gemacht hätten, daß jeder mehrere Lieder des Tyrtaios vortrage. Schiedsrichter sei der Heerführer, der dem Sieger ein Stück Fleisch als Preis gäbe.

Die Pyrriche hat sich bei den anderen Hellenen nicht gehalten ... Allein bei den Lakedämoniern ist sie als eine Vorübung auf den Krieg lebendig geblieben. Alle in Sparta lernen von ihrem fünften Lebensjahr an die Pyrriche tanzen ..."[177]

„Für die kriegerische Tanzkunst wird man sodann im Gegensatz zu dieser friedlichen den Namen Pyrriche als richtige Bezeichnung gebrauchen. Durch den Tanz der Pyrriche werden nachahmend dargestellt einerseits die wohlberechneten Körperbewegungen, durch die man sich vor allen Arten von Hieben und Schlägen schützt durch Beugen, Ausweichen und hohe Sprünge oder auch durch Niederducken auf die Erde, anderseits die auf den Angriff berechneten Körperstellungen, wie sie für

Bogenschießen, Speerwerfen und alle Arten von Hieb und Stoß erforderlich sind. Die aufrechte und straffe Haltung aber bei diesen der Nachahmung tadelloser Körper und Seelen dienenden Bewegungen ist, da die Glieder des Körpers dabei vorwiegend eine gerade und gestreckte Richtung haben, in solchem Falle auch gerade das Richtige, während eine Haltung, die den entgegengesetzten Charakter hat, verwerflich ist."[178]

7. Das spartanische Mädchen

I

Sparta war der männlichste Staat Griechenlands. Männlich war die Grundgesinnung der kriegerischen Haltung, und die Bedingungen des männlichen Lebens waren die Grundprinzipien der Gemeinschaftsordnung. Gleichzeitig war Sparta der einzige griechische Staat, der eine der Knabenerziehung gleichwertige Mädchenbildung geschaffen und in einer eigenen Organisation durchgeführt hat, während die übrigen Staaten für die Erziehung der Mädchen kaum ein besonderes Interesse aufbrachten. Der Hintergrund dieser auffälligen Erscheinung ist ein doppelter: Die besondere Sorgfalt in der Erziehung der Mädchen war einmal ein Bestandteil der spartanischen Rassenpolitik: die Mädchen sollten für ihre Bestimmung, die Mütter zahlreicher und gesunder Kinder zu werden, möglichst tüchtig gemacht werden. Daneben wurzelte sie in der besonderen Stellung der Frau im Gesamtgefüge des spartanischen Gemeinwesens. Die Grundlagen des Staates lagen nicht allein bei den Männern, sondern an dem Aufbau des sozialen und wirtschaftlichen Lebens und an der Lebendigkeit des politischen Ethos waren auch die Frauen sehr entscheidend mitbeteiligt. Die Frau war bei der Beanspruchung des Mannes im öffentlichen Leben und bei seiner häufigen Abwesenheit die eigentliche Herrin und Meisterin des ländlichen Gutsbesitzes. Die Aufsicht und Erhaltung dieser Lebensgrundlage der spartiatischen Familie lag im wesentlichen in ihren Händen und erforderte eine Selbständigkeit und Umsicht, wie sie nur in besonderer Übung erworben werden konnte. Darüber hinaus war die Frau neben dem Manne die Bewahrerin und Verkörperung des nationalen Ethos. Es bestand in Sparta ein guter Instinkt dafür, daß die Kraft und Geschlossenheit des staatlichen Selbstbehauptungswillens nicht allein von den Männern getragen werden kann, sondern daß dieser auch von der Haltung der Frau mit abhängt. Die Frau durfte nicht einseitig auf die Welt des privaten Lebens gerichtet sein, sondern sie mußte voll aufgeschlossen sein für die Lebensnotwendigkeiten des Ganzen. Auch diese erweiterte Verantwortlichkeit war nicht ein Geschenk der Natur, sondern konnte nur in einer Zucht erworben werden, in der die Mädchen den Geist des Gemeinwesens ebenso lebendig wie die Knaben an sich erfuhren.

Aus dieser doppelten Bestimmung: der Ertüchtigung für die biologischen Aufgaben und der Vorbereitung zu den besonderen sozialen und sittlichen Leistungen der Frauen in Sparta erwuchs die Mädchenerziehung als besondere Einrichtung neben der Knabenerziehung.

Der biologische Gedanke in der Mädchenbildung ist in den Zeugnissen über die rassenpolitischen Grundlagen des spartanischen Staates sichtbar geworden.[179] Wie sehr sie daneben auch von dem Ziel bestimmt war, die Mädchen in die Tradition des politischen Lebensideals hineinwachsen zu lassen, wird aus Äußerungen, die von Plutarch dem Lykurg zugeschrieben werden, deutlich:

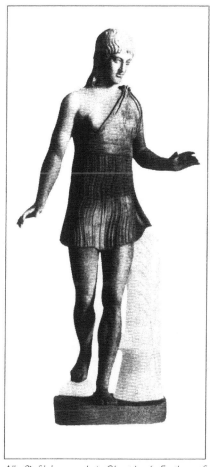

„Einer fragte [den Lykurg], warum er die Körper der Jungfrauen im Wettlauf, Ringen, im Werfen des Diskus und der Speere übe. ‚Damit‘, antwortete er, ‚im kräftigen Körper eine kräftige Frucht Wurzel fassen und gut aufkeimen kann, und damit sie selbst aber kräftig genug sind, um die Geburt zu bestehen und die Wehen leicht und gut auszuhalten; und endlich, damit sie schließlich im Notfall auch imstande sind, für ihre Kinder und das Vaterland zu streiten.‘"

Alle fünf Jahre wurde in Olympia ein Festkampf zu Ehren der Hera gefeiert. Die Abbildung zeigt eine spartanische Jungfrau, wie sie dort als Wettläuferin gegen ihresgleichen antrat.

„Als einige die Nacktheit[180] der Mädchen bei den feierlichen Aufzügen tadelten und nach der Ursache fragten, gab er ihnen zur Antwort: ‚Damit sie durch die gleiche Beschäftigung mit den Männern diesen weder an Körperstärke und Gesundheit noch an Ruhmbegierde und Tapferkeit nachstehen und sich über die Meinung der Menge hinwegsetzen.' Daher erzählt man auch von Gorgo, der Frau des Leonidas, sie habe, als eine Fremde zu ihr sagte: ,Ihr Lakedämonierinnen seid die einzigen, die ihre Männer beherrschen', geantwortet: ,Allerdings, denn wir sind auch die einzigen, die Männer gebären.'"[181]

Plato charakterisiert die weibliche Erziehung in Sparta als eine mittlere Lebensordnung zwischen den beiden Extremen eines rein häuslich dienenden Daseins und der nur kriegerischen Existenz der Amazonen, in der

„... die Mädchen teilnahmen an den gymnastischen Übungen der Männer, die Frauen aber zwar frei sind von der Wollarbeit, aber doch ein tätiges und keineswegs erniedrigendes und verächtliches Dasein führen, sondern an der häuslichen Wirtschaft und Verwaltung sowie an der Kindererziehung einen angemessenen Anteil haben, dagegen mit dem Kriegshandwerk nichts zu schaffen haben."[182]

Naturgemäß war das spartanische Mädchen mehr an die Familie gebunden als der Knabe. Gleichzeitig vollzog sich ein wesentlicher Teil auch ihres Lebens außerhalb des Hauses in der Öffentlichkeit. Die Mädchen hatten ihre eigenen Gymnasien, in denen sie ihre Leibesübungen trieben, und es scheint, daß sie für einen Teil ihrer gemeinschaftlichen Erziehung in bündischen Gruppen, ähnlich der Knaben, zusammengefaßt waren:

„Ebenso wie die Männer ihre Gymnasien haben, haben auch die Mädchen ihre eigenen Übungsplätze."[183]

Theokrit läßt einen Chor spartanischer Mädchen, die in ihrem Lied eine Schilderung ihres Lebens und Treibens geben, aussprechen, daß sie in vier Gruppen zu je sechzig Mädchen ähnlich einer „Jünglingsgefolgschaft" eingeteilt seien:

„Gleichzeitig blühn wir gesamt, die einerlei Lauf wir beginnen,
Männlicher Weise gesalbt, an Eurotas strudelnden Bächen
Vierfach sechzig der Mädchen, ein weibliches Jünglingsgefolge."[184]

Und von Pindar ist das Bruchstück eines Liedes überliefert, in dem von:

„einer Rotte [Agele] lakonischer Mädchen"[185]

die Rede ist.

Die Leibesübungen der Mädchen waren denen der Knaben weitgehend ähnlich. Der Zweck war auch hier: Abhärtung und Gesundheit des Körpers und eine beherrschte und tapfere Gesinnung des Charakters:

„Zuerst suchte er die Körper der Mädchen durch Laufen, Ringen und das Werfen der Wurfscheiben und Spieße abzuhärten ... Um aber alle Weichlichkeit, Verzärtelung und andere weibische Eigenschaften auszurotten, gewöhnte er die Mädchen wie die Knaben, den feierlichen Aufzügen nackt beizuwohnen und so an gewissen Festen in Gegenwart der Jünglinge nackt zu tanzen und zu singen ... Diese Nacktheit der Mädchen hatte nichts Schändliches, da immer Schamhaftigkeit dabei obwaltete und alle Lüsternheit verbannt war; sie wurde vielmehr zu einer unschuldigen Gewohnheit, erzeugte eine Art Wetteifer hinsichtlich der guten Leibesbeschaffenheit und flößte auch dem weiblichen Geschlecht erhabene, edle Gesinnungen ein, da es so gut wie das männliche auf Tapferkeit und Ruhmbegierde Anspruch machen konnte."[186]

„Die Körper der Jugend durch Ertragen von Mühen zu kräftigen ..., übertrugen die Spartiaten auch auf das weibliche Geschlecht, das in den übrigen Städten bei weichlicher Lebensweise unter dem schattigen Obdach des Hauses verborgen gehalten wird. Jene aber wollten, daß nichts dem Ähnliches stattfinde:

„... bei Lakoniens jungen Fraun,
Denen Ringkunst, Eurotas Sonne, Staub und Müh',
Krieg mehr am Herzen liegt als Asiens Fruchtbarkeit."[187]

Unter den Frauen der verschiedenen griechischen Stämme, die Aristophanes in der Komödie „Lysistrata" auftreten läßt, fällt die Vertreterin Spartas durch ihre Überlegenheit an Schönheit und Kraft auf und wird deswegen von allen übrigen gepriesen:

„Lakonerin, willkommen, teure Lampito!
In welcher Schönheit, Liebe, offenbarst du dich!
Welch frische Farbe! Wie von Kraft dein Körper strotzt!
Gewiß du würgest einen Stier!"

Sie antwortet mit Stolz:

„Das mein ich wohl;
Ich turne, schlage bis zum Rücken meine Bein' empor."[188]

Die Forderung der Einfachheit und Genügsamkeit galt auch für die Frauen:

„Die Frauen der Lakedämonier leben ohne Schmuck, es ist ihnen auch nicht erlaubt, prunkvolles Haar zu tragen oder sich mit Gold zu schmücken."[189]

Einen unmittelbaren Einblick in die musische Erziehung der Mädchen gewährt uns das Fragment eines Mädchenchorliedes des spartanischen Dichters Alkman. Neben den Elegien des Tyrtaios ist es eines der wertvollsten Dokumente des spartanischen Jugendlebens überhaupt. Es ist den Gesängen des Tyrtaios nicht nur darin verwandt, daß es eines der wenigen aus dem alten Sparta selbst herausgewachsenen Zeugnisse ist, sondern wie Tyrtaios die Haltung der männlichen Jugend bringt; so sind die Lieder des Alkman unmittelbar aus der Praxis der Mädchenerziehung entstanden und sprechen Grundstimmungen ihres Gemeinschaftslebens aus.

Das musische Leben der Mädchen war vor allem ein chorisches Singen und Tanzen im Dienste der Landesgottheiten. Sie trieben ihre Übungen in einzelnen Chorgruppen, die bei den Festen im Wettstreit gegeneinander auftraten. Das Fragment läßt mit Gewißheit darauf schließen, daß die Chöre über ihren rein musischen Zweck hinaus die Mädchen zu festen Gemeinschaften von bündischer Art zusammenschlossen. Der Mittelpunkt einer solchen Gruppe war die Chorführerin, die ihre Mädchen gewiß nicht nur in Musik und Tanz ausbildete, sondern auch sonst bestimmende Autorität in ihrem Zusammenleben war. Die Mädchen standen zu ihr in einem Verhältnis der Ehrfurcht und freundschaftlichen Hingebung.

Alkman, der Verfasser des Liedes, war ein in Lydien gebürtiger und in Sparta später beheimateter Dichter aus der Zeit des sechsten Jahrhunderts v. Chr. Er hatte in Sparta die Stellung eines Staatsdichters und Chormeisters inne und leitete in dieser Eigenschaft vor allem die musischen Übungen der Mädchen. Seine Lieder sind unmittelbar für die Feste und Agone der Mädchen und Frauen gedichtet und auf ihnen aufgeführt worden.

...

„Ich nenne unter den Gefallenen nicht Lykaithos[190],
Aber Enarsphoros und den schnellen Tebros

Und Alkimos den Gewaltigen
Und Hippothon den Gewappneten
Und Euteiches und den Fürsten Areios
Und Akmon, ragend unter den Halbgöttern.

Und den Jäger des Heeres,
Den großen Skaios, und Eurytos,
Und im Getümmel des unseligen Ares
Alkon[191]; die besten
Männer wollen wir nicht vergessen!
Alle bewältigte Schicksal [Aisa]
Und Weg [Poros], die erhabensten
Der Götter.
Unbeschuht an Kraft,
Soll keiner der Menschen zum Himmel fliegen,
Soll keiner versuchen, Aphrodite zu heiraten,
Die kyprische Herrscherin, oder irgend
Ein schönes Kind des Porkos[192]
Im Meer.
Aber die Chariten[193] gelangen in Zeus' Haus,
Die lieblich blickenden.

Nichts sind die tapfersten
Männer, über allem waltet der Gott.
Den Freunden der Götter
Gibt er selber Geschenke,
Wie die Erde fließendes Wasser,
Die Feinde aber stürzt er. Eine feindliche
Jugend [die Giganten] kam einst zum Sitz
Des Zeus, in eitlem Toben
Entgegenfauchend. Von ihnen fiel vom Pfeil
Der eine, ein andrer wieder durch den Mühlstein,
Bis sie alle wegnahm Hades.
Die Toren, die ihre Lose selber
Im Unverstand sich holten. Unerträgliche
Dinge litten, die Übles ersonnen hatten.

Es gibt eine Strafe der Götter.
Glücklich, wer wohlgemut

Den Tag zu Ende flicht
Ohne Tränen.

Ich aber singe
Das Licht der Agido, ich sehe
Auf sie wie die Sonne, die uns
Agido zum Zeugen anruft,
Es zu zeigen.
Aber die glanzvolle Reigenführerin [Hagesichora]
Ermöglicht mir nicht, sie im geringsten zu loben
Oder zu tadeln.
Denn Hagesichora selber scheint
So hervorzuragen, wie wenn einer
Unter Weidetiere ein Pferd stellte,
Ein schönes, preisholendes, fußstampfendes,
Von den Träumen, die unter den Felsen hausen.

Siehst du nicht? Der Renner
Ist enetischen[194] Bluts. Und die Mähne
Meiner Base
Hagesichora strahlt
Wie lauteres Gold
Und ihr silbernes Antlitz –
Was rede ich Dir lange?
Hagesichora ist hier:
Als zweite nach Agido an Schönheit
Wettläuft sie gegen das ibenische[194] Pferd als Kolaxischer[194] Renner,
Denn die Pleiaden[195] stehen im Wettkampf gegen uns,
Die wir der Orthia [Artemis] ein Pharos[196] darbringen,
In der göttlichen Nacht aufgehend
Wie das Siriusgestirn.

Denn weder Purpurs ist [bei jenen]
Ebensolche Fülle, um sich damit zu wehren,
Noch gewundener Schlangenring
Ganz aus Gold, noch ein lydisches
Kopftuch, der Schmuck
Schmelzäugiger Mädchen,
Noch haben sie die Haare der Nanno,

Noch die göttergleiche Arete,
Noch Thylakis noch Kleisithera.
Und du wirst nicht in das Haus Ainesimbrotas gehen müssen und sagen:
Hätte ich doch Astaphis
Und blickte mich Philylla an
Und Damareta und die liebliche Ianthemis –
Nein, davor bewahrt mich Hagesichora.
Denn ist nicht
Hagesichora mit den schönen Fesseln hier bei uns?
Dicht bei Agido bleibt sie
Und verherrlicht meine Speisung.
Nehmt ihre Gebete, Göttinnen,
Gnädig an. Denn bei den Göttinnen steht Vollendung
Und Ende. Chorleiterin,
Möchte ich sagen, ich Mädchen
Allein, eitel würde ich krächzen vom Dach
Wie die Eule. Ich möchte aber der Aotis [Artemis?] am besten
Gefallen. Denn von Mühsalen
War sie uns Heilerin.
Dank Hagesichora kamen die Mädchen
Zu lieblichem Friedensende.

Dem Leitpferd
Folgt einfach der große Wagen.
Der Steuermann muß,
Wenn er auf dem Schiffe fährt, schnell merken.
Und sie, schöner als die Sirenen
Singt sie zwar nicht –
Doch die sind auch Göttinnen – und wie schön singen die zehn Mädchen
Den elf [der Ainesimbrota] entgegen.
Und es tönt ihre Stimme wie auf den Fluten des Xanthos
Der Schwan; sie mit ihren lieblichen Blondhaaren ..."
...

Diese Selbstdarstellung des Mädchenlebens in Sparta wird anschaulich ergänzt durch einen Chor von Spartanerinnen, die Aristophanes in der Komödie „Lysistrata" auftreten läßt, und in dem die Mädchen die Art ihres eigenen Tanzes besingen:

„Den schönen Taygetos verlassend
Eile, o lakonische Muse, uns Verehrungswürdige,
Den edlen Gott von Amyklai[197] zu preisen,
Die Athena im Erzhaus
Und die starken Tyndariden[198],
Welche am Eurotas spielen.
Wohlauf, schreite einher
Im leichten Schwunge,
Um Sparta zu singen,
Das die Chöre der Götter pflegt
Und den Schall der Füße.

Wo die Jungfrauen den Füllen gleich
An den Ufern des Eurotas
Im häufigen Schwunge der Füße
Den Staub aufregen.
Wie den Bakchen fliegen ihnen die Haare
Den Thyrsosschwingenden und Tanzenden;
Es führt sie der Leda heiliges Kind
Die stattliche Chorführerin.
Auf, binde das Haar empor und schwinge dich mit Hand und Fuß
Wie ein Hirsch;
Und laß den Taktschlag ertönen, der dem Chore frommt;
Und besinge deine stärkste Göttin im Erzhaus,
Die Allkämpferin!"[199]

In einem seiner Gedichte gibt Theokrit ein Bild spartanischer Mädchen, die, ein Brautlied singend, einen Chorreigen aufführen:

„Bei Menelaos in Sparta, dem bräunlich gelockten, erhuben
Jungfrauen, von Hyazinthen umgrünt in den duftenden Haaren,
Früher den Reigentanz vor der neugemaleten Kammer,
Zwölf, in der Veste, die ersten, ein Schatz der Lakonischen Mütter,
...
All auch im Einklang sangen die dann, mit umflochtenen Füßen
Klappend dazu, und rings scholl wider die Wohnung vom Brautlied."[200]

II

Das Ergebnis dieser Erziehung war ein Frauengeschlecht, das in seiner Entschlossenheit, Selbstbeherrschung und Aufopferungsbereitschaft die Forderungen erfüllte, die der spartanische Staat an jedes seiner Glieder stellte. Zeugnis für die Lebendigkeit dieser Haltung ist eine Sammlung von Aussprüchen spartanischer Frauen, die Plutarch zusammengestellt hat. In diesen Sprüchen kommt einmal zu deutlichem Ausdruck, wie tief in das Bewußtsein der Frau die Ineinssetzung von persönlichem Dasein und der Existenz des Ganzen eingeprägt war, und wie sehr sie diese Haltung nicht nur in ihrem eigensten Kreise allein lebte, sondern mit welch wachem Bewußtsein und welch anfeuernder Kraft sie sie auf die Umwelt ausstrahlte. Beispiel und Wort der Spartanerin wirkten ähnlich, wie wir es von den germanischen Frauen wissen, als ein ständiger Appell an das Ehrgefühl der Männer.

Daß das Urteil der Frau in Sparta etwas galt und daß es gerade im Anruf des männlichen Ehrgefühls durch Lob und Tadel und auch im vorbildhaften Beispiel wirksam wurde, darüber sind sehr aufschlußreich zwei Mitteilungen, die ebenfalls von Plutarch stammen.

Im öffentlichen Zusammensein von Mädchen und Jünglingen war es Sitte, daß die Mädchen durch Kritik und Anerkennung den Eifer der Jünglinge anfeuerten:

Bei den gemeinsamen Festen und feierlichen Aufzügen...

„bestraften [die Mädchen] zuweilen den einen oder den anderen [der Knaben] durch treffende Spöttereien wegen begangener Fehler; ein anderes Mal sangen sie auch Loblieder auf die, welche es verdienten, und erweckten dadurch Ehrbegierde und Wetteifer unter den Jünglingen. Denn wer seines Wohlverhaltens wegen gepriesen wurde und die Achtung der Jungfrauen basaß, ging stolz auf diese Ehre nach Hause. Auf der anderen Seite waren die beißenden und witzigen Spöttereien nicht weniger wirksam als die ernsthaftesten Verweise, da außer den übrigen Bürgern auch die Könige und Geronten sich bei diesen Spielen einfanden."[201]

In einem kritischen Augenblick des spartanischen Staatslebens, als der König Agis eine revolutionäre Wiederherstellung alter verfallener Ordnungen vorbereitete, wurde ganz besonders um die Zustimmung der Frauen geworben, mit der

Begründung, daß die lakedämonischen Männer sehr viel auf das Urteil ihrer Frauen auch in öffentlichen Angelegenheiten gäben:

Die Mutter des Agis und eine seiner Verwandten, durch die Bitten des Königs und seines Vertrauten umgestimmt „... und von der Begeisterung des Jünglings hingerissen, widmeten sich der guten Sache mit solcher Hingebung, daß sie nicht nur den Agis aufmunterten und zur Beschleunigung antrieben, sondern auch ihre Freunde kommen ließen und zum Beitritt aufforderten, ja sogar mit den übrigen Frauen davon sprachen, weil sie wohl wußten, daß die Lakedämonier von jeher auf ihre Weiber hörten und ihnen mehr in die öffentlichen als diese ihnen in die häuslichen Angelegenheiten sich zu mischen gestatteten."[202]

In einer Stunde großer Gefahr für die Stadt nahmen die Frauen an der Verteidigung selbst mit teil und feuerten mit Nachdruck den Mut der Männer an:

„Als es Nacht geworden war, planten die Lakedämonier zuerst, ihre Frauen nach Kreta zu schicken. Diese widersetzten sich aber. Archidamia kam sogar mit einem Schwerte in der Hand in die Gerusia und machte im Namen der Frauen den Männern Vorwürfe, daß sie ihnen zumuten wollten, den Untergang von Sparta zu überleben. Hierauf beschloß man, längs des feindlichen Lagers einen Graben aufzuwerfen, an seine beiden Enden Wagen zu stellen und diese bis an die Mitte der Räder einzugraben, damit sie nur mit vieler Mühe von der Stelle gerückt werden könnten und den Elefanten das Eindringen verwehren sollten. Als man zur Ausführung schritt, erschienen die Mädchen und Frauen, teils in Unterkleidern, teils auch in Mänteln, die um die Unterkleider geschlagen waren, um den Greisen bei der Arbeit zu helfen. Sie hießen die, welche kämpfen sollten, ausruhen und übernahmen es allein, den dritten Teil des Grabens fertig zu machen ... Als die Feinde sich bei Tagesanbruch in Bewegung setzten, reichten sie den jungen Männern die Waffen und übergaben ihnen den Graben mit der Ermahnung, ihn mit allen Kräften zu verteidigen und zu behaupten; denn so erfreulich es wäre, vor den Augen des Vaterlandes zu siegen, so rühmlich wäre es auch, als würdige Spartaner zu fallen und in den Armen ihrer Mütter und Weiber zu sterben. Chilonis ging allein beiseite und knüpfte sich einen Strick um den Hals, um für den Fall, daß die Stadt erobert würde, nicht in die Gewalt des Kleonymos zu kommen."[203]

In den von Plutarch gesammelten Sprüchen wird die Gestalt der Frau zunächst als die Verkörperin und Hüterin der Sitten, auf denen die innere Kraft des Staates beruht, deutlich:

„Als ein jonisches Weib mit einem ihrer kostbaren Gewänder großtat, zeigte eine Lakonierin auf ihre vier stattlichen Söhne mit den Worten: ‚Darin bestehen die Werke einer braven und tüchtigen Frau, darauf kann sie stolz sein und dessen sich rühmen.'

Aristagoras aus Milet verlangte von dem König Kleomenes Beistand für die jonischen Griechen gegen die Perser und versprach ihm eine große Summe Geldes, zu der er immer mehr hinzulegte, je mehr dieser widersprach. ‚MeinVater', rief Gorgo, die Tochter des Königs, aus, ‚der Fremdling wird dich verderben, wenn du ihn nicht bald aus dem Hause schaffst.'

Ihr Vater trug ihr einst auf, einem Menschen Getreide zum Lohn zu geben; ‚denn', setzte er hinzu, ‚dieser hat mich gelehrt, den Wein schmackhaft zu machen.' ‚O Vater', versetzte sie, ‚nun wird nur desto mehr Wein draufgehen und die, welche ihn trinken, werden weichlicher und dadurch schlechter werden.'

Als sie sah, daß Aristagoras sich von einem Sklaven die Schuhe anziehen ließ, sagte sie: ‚Mein Vater, der Fremde hat keine Hände.'

Einen Fremden, der auf eine umständliche Weise seinen Mantel anlegte, stieß sie von sich mit den Worten: ‚Gehe sogleich von hier weg, da du nicht einmal das verstehst, was ein Weib versteht.'

Jemand ließ einer Lakonierin einen Antrag machen, ob sie seinen Absichten willfährig sein wolle. Sie aber antwortete: ‚Als Kind lernte ich gehorsam zu sein meinem Vater, und ich tat es auch; seit ich ein Weib bin, meinem Manne; wenn nun jener etwas Billiges verlangt, so soll er es diesem zuerst offenbaren.'

Eine arme Jungfrau gab auf die Frage, welche Mitgift sie ihrem Bräutigam mitbringe, zur Antwort: ‚Die väterliche Sittsamkeit.'

Eine Lakonierin, welche verkauft werden sollte, wurde gefragt, was sie verstehe. ‚Treu zu sein', war die Antwort.

Eine andere Gefangene gab auf dieselbe Frage die Antwort: ‚Ein Hauswesen gut zu besorgen.'

Es wurde eine Spartanerin von jemand gefragt, ob sie sich gut betragen wolle, wenn er sie kaufe. ‚Ja', antwortete sie, ‚auch wenn du mich nicht kaufst.'

Eine andere, welche verkauft werden sollte, antwortete auf die Frage des Herolds, was sie verstehe: ‚Frei zu sein.' Als aber der, welcher sie gekauft hatte, ihr etwas auferlegte, was für eine Freie nicht anständig war, rief sie aus: ‚Du sollst es beklagen, dir selbst ein solches Besitztum mißgönnt zu haben!' Und mit diesen Worten nahm sie sich selbst das Leben.

... Teleutia, die Mutter des Paidaretos, über den sich einige Verwandte aus Kios, die nach Sparta gekommen waren, sehr beschwerten, ließ die Kier rufen, und als sie deren Beschwerden vernommen hatte, schrieb sie ihrem Sohn, der nach ihrer Meinung gefehlt hatte: ‚Entweder führe dich besser auf oder bleibe und denke nicht daran, wieder nach Sparta zurückzukommen!'

Eine andere sagte zu ihrem Sohn, der eines Verbrechens angeklagt war: ‚Mein Sohn, nimm entweder die Schuld von dir weg oder dein Leben.'"

Mit derselben Energie, mit der die Frau für die Tugenden des inneren Staatslebens eintrat, war sie neben dem Manne die Trägerin der Kriegsehre. Auch die Frauen in Sparta waren von dem Bewußtsein erfüllt, daß der Krieg nicht nur eine Notwendigkeit, sondern die Anspannung der besten Kräfte und als Einsatz des Lebens im Kampf eine der äußersten Erfüllungen war. Sie belebten den kriegerischen Eifer der Männer durch die Mahnung zur Tapferkeit, durch Lob und Ehrung der Mutigen und durch Tadel und Verachtung der Feigen:

„Eine Lakedämonierin übergab ihrem Sohne den Schild mit den Worten: ‚Entweder mit diesem oder auf diesem.'

Eine andere überreichte ihrem Sohn, als er ins Feld zog, den Schild mit den Worten: ‚Diesen hat dein Vater stets für dich bewahrt, bewahre nun auch du ihn oder höre auf zu sein.'

Eine andere sagte ihrem Sohn, der behauptete, er habe nur ein kleines Schwert: ‚So setze einen Schritt daran.'

Eine andere begleitete ihren lahmen Sohn in die Schlacht mit den Worten: ‚Mein Sohn, gedenke mit jedem Schritt der Tapferkeit.'

Eine andere sagte zu ihrem Sohn, der aus der Schlacht verwundet am Fuße und unter heftigen Schmerzen zurückkam: ‚Mein Sohn, wenn du nur an die Tapferkeit denkst, so wirst du keinen Schmerz spüren und guten Mutes sein.'

Ein Lakonier, der im Kriege verwundet war und nicht gehen konnte, kam auf vier Füßen daher. Da er sich aber schämte und ausgelacht zu werden fürchtete, sprach seine Mutter zu ihm: ‚Um wieviel besser ist es nicht, mein Sohn, sich über die Tapferkeit zu freuen, als sich eines einfältigen Gelächters wegen zu schämen!'

Eine andere Spartanerin tötete ihren Sohn, der seine Reihen verlassen
hatte, weil er des Vaterlandes unwürdig sei, mit den Worten: ‚Das war
nicht mein Gewächs.' Auf diese hat man folgendes Epigramm gemacht:

Fahre dahin, Mißart, in die Finsternis! Ström' Eurotas,
Dir erzürnt, selbst nicht furchtsamen Hirschen den Trank!
Böses Gezücht, nutzlos mir erwachsenes, fahre zum Hades!
Nicht gebar ich, was nicht wert des Spartanergeschlechts.

Eine Lakonierin sah ihren Sohn [aus dem Kriege] zurückkommen und
fragte ihn, wie es mit dem Vaterlande stehe. Als dieser antwortete: ‚Alle
sind umgekommen', hob sie einen Ziegel auf und warf ihn damit zu Tode mit den Worten: ‚Dich haben sie uns also als Unglücksboten geschickt!'
Ein anderer erzählte seiner Mutter den rühmlichen Tod seines Bru-
ders. ‚Schämst du dich nicht', rief sie aus, ‚eine solche Reisegesellschaft
unbenutzt gelassen zu haben?'
Als Damatrias hörte, daß ihr Sohn sich feige und ihrer unwürdig betragen hatte, tötete sie ihn nach seiner Rückkehr. Man hat auf sie folgendes Epigramm gemacht:

Selbst die Mutter durchbohrt' den Damatrios, der das Gesetz brach.
Lakedämonier ihn Lakedämonierin.

Eine andere, als sie hörte, daß ihr Sohn in der Schlacht tapfer gestrit-
ten habe und geblieben sei, rief aus: ‚War es doch mein Sohn!' Als sie
aber von andern erfuhr, daß er sich durch feiges Betragen gerettet habe, sprach sie: ‚Dann war es nicht mein Sohn.'"

Eine letzte Steigerung in der Haltung der spartanischen Frau war ihre Selbstbeherrschung angesichts des Todes und ihre Kraft, über die Macht und den Anspruch aller elementaren weiblichen Bindung hinweg, den Kriegstod der ihr
Nächsten nicht als persönlichen Verlust, sondern als Erfüllung und Vollendung im
Opfer für das Vaterland zu sehen:

„Eine Mutter, die ihre fünf Söhne in den Krieg geschickt hatte, wartete an den Toren der Stadt auf Nachricht von dem Ausgange der Schlacht.
Als nun jemand kam und auf ihre Frage erzählte, daß alle ihre Söhne
umgekommen seien, entgegnete sie ihm: ‚Danach frage ich nicht, du fei-

ger Sklave, sondern wie es mit dem Vaterlande stehe.' Als aber dieser versicherte, es habe gesiegt, da rief sie aus: ‚Gut, nun vernehme ich gerne den Tod meiner Söhne.'

Eine andere beerdigte gerade ihren Sohn, als ein altes Weib zu ihr trat mit den Worten: ‚O Weib, was hast du für ein Schicksal!' ‚Bei den Göttern', erwiderte sie, ‚ein glückliches, da ich das errungen habe, weshalb ich meinen Sohn geboren, denn er sollte für Sparta sterben.'

Akrotatos, der Tochtersohn der Gyrtias, hatte einst im Streit mit einem Knaben viele Wunden erhalten und wurde wie tot nach Hause gebracht. Als nun die Hausgenossen und Freunde weinten, gebot ihnen Gyrtias zu schweigen, ‚denn', setzte sie hinzu, ‚er hat gezeigt, von welchem Blute er ist. Tapfere Leute sollen nicht schreien, sondern sich heilen lassen.'

Als aus Kreta ein Bote mit der Nachricht vom Tode des Akrotatos ankam, sprach sie: ‚Sollte er denn nicht gegen die Feinde ziehen, um entweder selbst zu sterben oder jene zu töten? Lieber aber ist es mir, zu hören, daß er auf eine seiner selbst, seiner Stadt und seiner Vorfahren würdige Weise gestorben ist, als wenn er in Zukunft stets als ein Feiger gelebt hätte.'

Eine andere hörte, daß ihr Sohn in der Schlacht auf seinem Posten umgekommen sei. ‚Begrabt ihn', rief sie aus, ‚und laßt an seine Stelle seinen Bruder treten.'

Eine andere erhielt, als sie einem festlichen Aufzuge beiwohnte, die Nachricht, daß ihr Sohn zwar gesiegt, aber an den vielen Wunden, die er erhalten, gestorben sei. Da wandte sie sich, ohne ihren Kranz abzunehmen, mit stolzer Miene an die Frauen, die ihr nahe waren, und sprach: ‚Meine Teuren, wieviel rühmlicher ist es doch, in der Schlacht als Sieger zu sterben, als in den Olympischen Spielen zu siegen und zu leben.'

Es erzählte einer seiner Schwester den rühmlichen Tod ihres Sohnes: ‚So sehr ich mich darüber freue', entgegnete sie, ‚ebensosehr betrübt es mich um dich, daß du an der ehrenvollen Reisegesellschaft keinen Anteil genommen hast.'"[204]

„Wenn lakedämonische Mütter erfuhren, daß ihre Söhne in der Schlacht gefallen waren, so gingen sie selbst auf das Schlachtfeld und sahen nach, welche Wunden sie vorn und welche sie hinten erhalten hatten. Waren nun die meisten vorn, so traten sie stolz einher, gaben sich ein ernstes, würdevolles Aussehen und ließen ihre Söhne in die Grabstätten ihrer Väter bringen. War aber bei den Wunden das Gegenteil der Fall, dann standen sie beschämt, jammerten, suchten sich soviel als möglich unbemerkt zu entfernen und ließen ihre Toten entweder zurück zur Beerdigung auf dem allgemeinen Beerdigungsplatz oder schafften sie heimlich in die Familienbegräbnisse."²⁰⁵

Eines der größten Beispiele für die Stärke des staatlichen Verantwortlichkeitsbewußtseins der spartanischen Frau ist die Opferbereitschaft der Mutter des Königs Kleomenes und die Todesgelassenheit der Frau seines Freundes Panteus:

„Ptolomäus, der König von Ägypten, erbot sich jetzt, ihm [dem Kleomenes] Hilfe und Beistand zu leisten, forderte aber, daß er ihm dafür seine Mutter und seine Kinder zu Geiseln gäbe. Eine geraume Zeit hindurch scheute sich Kleomenes, seiner Mutter etwas hiervon zu sagen, und sooft er sie auch in dieser Absicht besuchte und schon im Begriff war, ihr die Sache vorzutragen, verstummte er doch immer, so daß sie selbst seine Verlegenheit bemerkte und bei seinen Freunden sich erkundigte, was er wohl auf dem Herzen haben müsse, das er ihr zu entdecken sich nicht getraue. Als er endlich Mut schöpfte, davon zu sprechen, lachte sie laut auf: ‚Das war es also‘, sagte sie, ‚was du sooft anbringen wolltest und nicht das Herz dazu hattest? Bringe uns doch den Augenblick auf ein Fahrzeug und schicke uns fort, wenn du glaubst, daß dieser Leib Sparta noch nützlich sein kann, ehe er hier in untätiger Ruhe vom Alter verzehrt wird.‘

Als alles zur Abreise fertig war, begaben sie sich zusammen nach Tänaron, wohin sie das ganze Heer begleitete. Hier führte Kratesikleia, ehe sie zu Schiffe ging, den äußerst betrübten und niedergeschlagenen Kleomenes in den Tempel Poseidons und nahm unter zärtlichen Umarmungen von ihm Abschied. ‚Siehe zu, König der Lakedämonier‘, sagte sie zu ihm, ‚daß, wenn wir hinauskommen, keiner uns weinen oder sonst etwas tun sieht, was Spartas unwürdig wäre. Dies allein steht in unsrer Gewalt, die Ereignisse aber hängen von der Fügung der Gottheit ab.‘

Als sie bei ihrer Ankunft in Ägypten hörte, daß Atolomäus Gesandte von Antigonos mit Friedensvorschlägen annehme, und als sie dann auch erfuhr, daß Kleomenes bei den Friedensverträgen der Achäer Bedenken trage, ohne Genehmigung des Atolomäus den Krieg beizulegen, schrieb sie an ihn, er solle nur tun, was für Sparta schicklich und zuträglich sei, und nicht um eines alten Weibes und eines Kindes willen den Atolomäus fürchten. Sie nun, heißt es, habe sich so im Unglück gezeigt.

Als sich das Gerücht von dem Tode des Kleomenes und seiner Vertrauten in der Stadt verbreitete, verlor Kratesikleia, obgleich sie sonst ein edles Weib war, über der Größe des Unglücks auf einmal ihren stolzen Mut, faßte die kleinen Söhne des Kleomenes in ihre Arme und brach in ein lautes Klagegeschrei aus ... Atolomäus erteilte, als ihm diese Vorfälle hinterbracht wurden, Befehl, ... die Kinder, die Mutter und alle bei ihr befindlichen Frauen hinzurichten. Unter diesen befand sich auch die Gattin des Panteus, eine Frau von ungemeiner Schönheit und edler Bildung. Da beide erst seit kurzem verheiratet waren, so traf sie dies unglückliche Schicksal gerade in dem ersten Feuer der Liebe. Sie hatte sogleich mit Pantäus ausfahren wollen, war aber von ihren Eltern daran gehindert worden, die sie einschlossen und sorgfältig bewachten. Aber bald darauf wußte sie sich ein Pferd und eine kleine Summe Gold zu verschaffen, entfloh ihren Eltern bei Nachtzeit und reiste in der größten Eile nach Tänaron, wo sie in ein nach Ägypten segelndes Schiff stieg. So gelangte sie zu ihrem Manne und ertrug mit ihm heiter und ohne Murren das Leben im fremden Lande. Diese Frau führte damals die Kratesikleia, als sie von den Soldaten fortgeschleppt wurde, an der Hand, hielt ihr das Gewand in die Höhe und ermahnte sie, Mut zu fassen, wenn auch Kratesikleia für ihre Person sich nicht vor dem Tode fürchtete, sondern nur um das eine bat, daß man sie vor den Kindern hinrichten möchte. Als sie an den zur Vollziehung der Strafe bestimmten Platz kamen, töteten jedoch die Henker zuerst die beiden Knaben vor den Augen der Kratesikleia und dann sie selbst, die aber bei vollem Herzeleid weiter nichts von sich hören ließ als die Worte: ‚Kinder, wo seid ihr geblieben?‘ Die Frau des Panteus, die groß und stark war, schürzte ihr Kleid auf, bediente stillschweigend und gelassen jede der sterbenden Frauen und legte sie zurecht, so gut es die Umstände erlaubten. Als endlich die Reihe an sie kam, putzte sie sich selbst, ließ das Gewand wieder fallen und beschloß nun, ohne jemanden sich nahe kommen zu lassen oder einen anderen als den, der zu ihrer Hinrichtung bestimmt war, zu sehen, ihr Leben mit dem größten Heldenmute, ohne daß sie es nötig hatte, nach ihrem Tode von anderen geputzt und eingehüllt zu werden; so sehr war sie auch im Tode noch auf Sittsamkeit und Ehrbarkeit bedacht, so sehr blieb sie der Sorgfalt getreu, mit der sie im Leben immer über ihren Körper gewacht hatte."[206]

8. Die Jugend auf den Staatsfesten

Die großen Höhepunkte im Leben Spartas waren die Feste. In ihnen faßte sich alle Kraft des Volkes in einer großen religiösen, politischen und künstlerischen Kundgebung zusammen. Diese Feste waren die wichtigsten Ereignisse im Leben der Jugend. Sie waren eine Veranstaltung des ganzen Volkes. Ihre Träger waren nicht allein die Erwachsenen, sondern sie wurden ebensosehr auch von den Knaben und Mädchen mitgefeiert und mitgestaltet. Auf ihnen nahmen die Jugendlichen zum erstenmal als selbständige Glieder mit eigenen Leistungen am öffentlichen Leben teil und erfuhren in der festlichen Erhebung aller die Gemeinschaft der Polis. Die Feste waren zugleich eine große praktische Probe auf ihre Erziehung. Die Darbietungen der Jugend auf den Festen waren die ersten politischen Aufgaben, die sie erfüllten und auf die ihre erzieherischen Übungen zum großen Teil zugeschnitten waren. Mit ihnen gaben Knaben und Mädchen vor den Göttern, vor den Erwachsenen und vor sich selbst einen sichtbaren Beweis ihres Könnens. Die wichtigsten Festleistungen der Jugend waren: Wettkämpfe, Spiele, feierliche Umzüge und chorische Tänze und Gesänge.

Die überlieferten Berichte über das festliche Leben sind Bruchstücke, die meistens nur Teilausschnitte aus einzelnen Festen geben. Trotzdem vermitteln sie insgesamt ein anschauliches Bild von dem Reichtum der großen spartanischen Staatsfeste und von der Art und Weise, wie die Jugend an ihnen teilnahm. Die wichtigsten Feste, auf denen spartanische Knaben und Mädchen mitwirkten, waren: die Gymnopaedien, die Karneen, die Hyakinthien, das Fest der Artemis Orthia und der Wettkampf auf dem Platanistas.[207]

I

Das Fest, auf dem die Leistungen der Jugend im Mittelpunkt standen, waren die *Gymnopaedien*, die alljährlich im Frühsommer zu Ehren des Apollo stattfanden. Sie waren das eigentliche Fest der Jugend. Auf ihm veranstalteten die Knaben Kampfspiele, die mit großer Heftigkeit um einen Ball ausgefochten wurden, und sie führten gemeinsam mit den erwachsenen Männern Tänze auf, zu denen sie Preislieder auf die Götter oder auf spartanische Helden sangen.[208]

„Die Gymnopaedien: ein spartanisches Fest ... Es wird auf dem Markt gefeiert ... und es finden auf ihm Umzüge von Chören nackter Jünglinge statt."[209]

„Die Gymnopaedien: Knabenchöre in Sparta, die nach lakonischer Sitte Hymnen auf die Götter und zu Ehren der bei Thyraea gefallenen Spartiaten singen."[210]

„Die Gymnopaedien: Dem Apollo Karnaios zu Ehren tanzen auf seinem Fest in Sparta nackte Knaben Lieder singend."[211]

„[Der Markt der Spartaner] heißt Choros [Reigenplatz], weil die Epheben an den Gymnopaedien – diese Gymnopaedien sind ein Fest, welches die Lakedämonier so feierlich wie irgendein anderes begehen – dem Apollo Reigen aufführen."[212]

„Außerdem geben auch die Gymnopaedien Veranlassung zu schweren Proben im Ertragen von Beschwerden im Kampf mit der mächtig drückenden Hitze."[213]

„Mit den Kämpfen, die mit den Händen ausgeführt werden, sind die Gymnopaedien gemeint. Sie [die Spartaner] lassen die sich übenden Knaben während des Tages bis zum Siege miteinander kämpfen. Einige Male schleudern sie eine Kugel oder etwas Ähnliches; wer sie zuerst ergreift, ist Sieger. Dieser Wettkampf findet bei ihnen häufig statt."[214]

„In Lakedämon ... schlagen sie [die Knaben], auf einem Schauplatz um einen Ball sich reißend, gewaltig aufeinander los."[215]

„Thyreatikoi ... werden gewisse Kränze bei den Lakedämoniern genannt ... Psylinoi heißen sie jetzt, und sie sind aus Purpur. Sie werden getragen zur Erinnerung an den Sieg von Thyraea von den Anführern der zu diesem Fest aufgeführten Tänze, wenn sie die Gymnopaedien feiern. Dies sind chorische Tänze sowohl von Knaben ... als auch von Männern, die nackt tanzen und Lieder von Thaletas, Alkman und die Gesänge des Lakoniers Dionysodotos singen."[216]

II

Die *Karneen* wurden als ein herbstliches Fest der Ernte und der Weinlese für den Apollon Karneios gefeiert. Die Veranstalter des Festes, die Karneaten, waren eine Gruppe von je fünf aus jedem Stamm ausgelosten unverheirateten Jünglin-

gen. Den Hauptbestandteil des Festes bildete der Lauf der sogenannten Staphylodromoi. Ein mit Binden behängter Jüngling lief, Segenswünsche für die Stadt
aussprechend, einer Schar von Verfolgern voraus. Wurde er von den Kameraden
eingefangen, galt dies als ein gutes Vorzeichen. An diesen kultischen Lauf schloß
sich ein feierliches Mahl, das nach streng geregelter Sitte in Hütten aus Zweigen
und Laub abgehalten wurde:

„Karneatai: die Unverheirateten, diejenigen, die zur Veranstaltung der
Karneen gewählt wurden, fünf aus jedem [Stamm] – vier Jahre übten sie
dieses Amt aus."[217]

„Staphylodromoi: Einige von den Karneaten, diejenigen, die die bei
der Ernte Tätigen anfeuern."

„Staphylodromoi: Auf dem Fest der Karneen läuft einer, der mit Binden
umwunden ist und der Stadt Segensvolles erbittet, vorauf. Es verfolgen
ihn Jünglinge, die Staphylodromoi genannt werden. Wenn sie ihn innerhalb der Stadtgrenzen ergreifen, gilt es als etwas Gutes für die Stadt,
wenn nicht, als das Gegenteil."[218]

III

Die *Hyakinthien* waren eins der heiligsten Feste Spartas. Sie begannen mit einer ernsten Trauerfeier zur Erinnerung an den Tod des Gottes Hyakinthos. Dann
folgte eine heitere und fröhliche Festlichkeit. An der reichen Ausgestaltung dieses Festes hatte die Jugend einen besonderen Anteil. Knaben mit bunten Gewändern führten zum Spiel von Zither und Flöte Reigen auf und machten zu Pferde
einen feierlichen Umzug, die Jünglinge tanzten alte Tänze, und die Jungfrauen
fuhren auf festlich geschmückten Wagen um den Festplatz. Auch Wettkämpfe
wurden veranstaltet.

„Pylokrates berichtet in den Lakonika, daß die Lakedämonier das Opferfest des Hyakinthos drei Tage lang feiern und daß sie wegen der Trau-
er um Hyakinthos sich weder bei den Mahlzeiten bekränzen noch Weizenbrot austragen noch anderes Backwerk und zu diesem Dazugehöri-
ges hinzugeben, noch daß sie die Hymne auf den Gott singen noch irgend etwas anderes von dem veranstalten, was sie sonst bei den Opfern
tun; sondern nach der Mahlzeit gehen sie in großer Ordnung fort. In der
Mitte der drei Tage findet ein buntes Schauspiel und eine große ansehn-
liche Festversammlung statt. Die Knaben, in aufgegürteten Gewändern,

spielen auf der Zither und schlagen, zur Flöte singend, alle Saiten gleichzeitig in anapaestischen Rhythmen, und mit schmetternden Tönen preisen sie den Gott. Andere durchreiten auf geschmückten Pferden das Theater. Von den Jünglingen treten alle Chöre auf und singen einheimische Lieder; Tänzer und solche, die sich ihnen zugesellt haben, tanzen unter Fötenspiel und Gesang die alten Tänze; von den Jungfrauen fahren die einen auf hölzernen gewölbten Wagen, sogenannte Kanathra, die prächtig hergerichtet sind, während die anderen im Wetteifer mit jenen auf zusammengeschirrten Kampfwagen einen feierlichen Umzug veranstalten. Und die ganze Stadt lebt in Bewegung und Freude des Schauspiels. Große Mengen Opfertiere werden an diesem Tag geopfert, und die Bürger speisen alle ihre Bekannten und auch ihre eigenen Sklaven. Und es gibt niemand, der an dem Opferfest nicht teilnähme, so daß die ganze Stadt wegen des Schauspiels menschenleer ist."[219]

IV

Diejenige kultische Feier, die unter allen die bekannteste geworden ist, war die Geißelung der Knaben (*Diamastigosis*) zu dem Fest der Artemis. Ihr Wesen war schon bei den antiken Darstellern dunkel und umstritten. Über ihren Hergang sind zwei erheblich voneinander abweichende Schilderungen überliefert. Die Mehrheit der Quellen, die auch das Bild bis in die neuere Zeit bestimmt haben, stellen den Brauch als eine jährliche Geißelung dar. Am Altar der Artemis Orthia wurden alljährlich die spartanischen Knaben bis aufs Blut geschlagen. Es kam darauf an, schweigend die Schmerzen so lange wie möglich auszuhalten. Wer am längsten standhielt, galt als Sieger und wurde durch den Ehrennamen Bomonikes (Sieger am Altar) ausgezeichnet. Demgegenüber deutet der älteste Berichterstatter, Xenophon, eine Auffassung an, nach der es sich um eine Art Kampfspiel am Altar der Göttin gehandelt hat. Nach seinem kurzen, zudem in der Überlieferung verstümmelten Hinweis haben die spartanischen Knaben zwei Parteien gebildet. Die eine verteidigte einige Käse, die auf dem Altar lagen (Käse waren alte kultische Opfergaben) gegen eine Schar Angreifer, die den Käse zu rauben suchten. Gesiegt hatte die Partei, die sich endgültig in den Besitz des Käse gesetzt hatte.[220]

„Die Lakedämonier bekamen einen Orakelspruch, der ihnen befahl, den Altar [der Artemis Orthia] mit Menschenblut zu tränken. So wurde jemand geopfert, den gerade das Los traf. Lykurgos setzte aber die Geißelung der Epheben an die Stelle. Denn so wird der Altar ebenfalls mit Menschenblut getränkt. Die Priesterin steht mit dem Bilde im Arm dabei. Dieses ist übrigens wegen seiner Kleinheit leicht. Wenn aber die Geißelnden etwa aus Rücksicht auf Schönheit oder Stand schonender auf einen Epheben losschlagen, dann wird der Frau das Schnitzbild schwer und keineswegs mehr leicht zu tragen. Sie wirft aber die Schuld auf die Geißelnden und behauptet, um ihretwillen geschädigt zu sein. So hat das Bild von den Opfern im Taurischen her die Lust am Menschenblut behalten."[221]

„Die spartanischen Knaben werden ... vor dem Altar [der Artemis] gegeißelt, daß das Blut von ihnen strömt, und die dabeistehenden Väter und Mütter, anstatt sich darüber zu betrüben, drohen ihnen noch, wenn sie die Schläge nicht aushalten wollen, und bitten sie flehentlich, in der grausamen Marter solange als möglich auszudauern. Viele sind auch schon in diesem Wettstreit gestorben, weil sie von dem körperlichen Schmerz sich nicht überwinden lassen und im Angesicht ihrer Verwandten nicht umsinken wollen, solange noch ein Atem in ihnen war ... Der Gesetzgeber Lykurg würde dir viele gute Gründe dafür angeben, warum er die Jünglinge so hart behandeln läßt, und daß es nicht aus feinseliger Abneigung gegen sie, oder um den jungen Nachwuchs der Stadt nutzlos aufzureiben, geschieht, sondern weil er wollte, daß diejenigen, die das Vaterland einst retten sollten, so stark als möglich und jeglichem Ungemach überlegen seien."[222]

„Die Knaben, die einen ganzen Tag hindurch am Altare der Artemis Orthia mit Geißeln geschlagen werden, halten oft bis zum Tode aus, heiter und vergnügt um den Sieg miteinander streitend, wer von ihnen mehr Hiebe und anhaltender aushalten könne, denn wer von ihnen siegt, gewinnt den größten Ruhm. Man nennt diesen Wettkampf Diamastigosis, und er findet jedes Jahr statt."[223]

„Die Knaben werden nach einem Gesetz, während sie um einen Altar herumgehen, solange geschlagen, bis einige, die durchgehalten haben, bekränzt werden."[224]

„Zu Sparta aber werden die Knaben am Altar dergestalt mit Schlägen empfangen, daß viel Blut aus ihrem Körper hervorströmt; bisweilen auch, wie ich bei meiner Anwesenheit daselbst vernahm, bis auf den Tod. Keiner von ihnen stieß nicht nur niemals einen Schrei aus, sondern seufzte nicht einmal."[225]

„Das Bild der Artemis wurde nach Lakedämon überführt, wo die alte Opfersitte in der Form einer Geißelung der Jünglinge aufrechterhalten blieb. Diese wurden Bomonikai [Sieger am Altar] genannt, weil sie, am Altar liegend, miteinander wetteiferten, wer die meisten Schläge aushalten könne."[226]

Diesen Berichten entgegen steht die Schilderung des Xenophon:

„... Lykurg hatte es für gut gehalten, daß ein großer Haufen [von Knaben] einige Stücke Käse [vom Altar] der Orthia raube, während er anderen befohlen hatte, diese mit Peitschen zu schlagen."[227]

Auf diese Art des Herganges deutet auch eine Bemerkung Plutarchs, nach der die Geißelung der Knaben eine Zeremonie ist, die zur Erinnerung an einen räuberischen Überfall der Lyder auf opfernde Spartaner gestiftet wurde:

„Wie einige erzählen, überfiel den Pausanias, der etwas entfernt von dem in Schlachtordnung aufgestellten Heere opferte und betete, ein Haufen Lyder und raubte und zerstreute das Opfergerät. Pausanias aber und seine Umgebung trieben sie in Ermangelung der Waffen mit Stöcken und Peitschen wieder fort. Zur Nachahmung dieses Überfalls soll noch jetzt das Schlagen der Jünglinge am Altar stattfinden."[228]

V

In Verbindung mit einem Opfer für den Kriegsgott Ares führten die Jünglinge auf dem *Platanistas*, einem Platz in der Nähe Spartas, einen Wettkampf auf. Zwei Parteien, die vor dem Kampf mehrere Opfer darbrachten, stritten auf einer Insel, ohne Waffen, nur mit Händen und Füßen auf das heftigste miteinander. Sieger war die Partei, die die andere ins Wasser gedrängt hatte.

„Die Lakedämonier nennen einen Platz Dromos [Rennbahn], auf dem die Jünglinge sich heute noch im Lauf üben ... der Platz selbst, wo die Epheben ihre Kampfübungen anzustellen pflegen, wird rings von einem Wassergraben umgeben wie eine Insel vom Meer. Der Eingang ist auf Brücken. Auf der einen von den beiden Brücken ist eine Bildsäule des Herkules, auf der andern ein Bild des Lykurgos; denn Lykurgos hat nicht allein die Gesetze für den Staat, sondern auch für die Kampfspiele der Griechen gegeben. Auch noch folgenden Brauch haben die Epheben: Vor dem Kampf opfern sie im Phoibaion. Dieses Heiligtum ist außerhalb der

Stadt, nicht weit von Therapne. Dort opfert eine jede der beiden Abteilungen dem Enyalios [Ares] einen jungen Hund in der Meinung, dem streitbarsten Gotte sei das streitbarste unter den zahmen Tieren das willkommenste Opfer ... Nach dem Opfer lassen die Griechen zahme Eber miteinander kämpfen. Die Partei nun, deren Eber siegt, pflegt in der Regel auch im Platanistas den Sieg davonzutragen. Diese Handlungen also nehmen sie im Phoibaion vor. Am folgenden Tage kurz vor Mittag gehen sie dann über die Brücken auf den genannten Platz. Den Eingang, auf welchem jede der beiden Scharen eintreten soll, bestimmt ihnen in der Nacht vorher das Los. Sie kämpfen aber mit den Händen und mit den Füßen, indem sie gegeneinandertreten. Auch beißen sie und bohren einander die Augen aus. Auf diese Art kämpft Mann gegen Mann. Aber auch in ganzen Haufen stürzen sie mit aller Gewalt gegeneinander und stoßen sich in das Wasser."[229]

„[Auf dem Wege von Sparta nach Arkadien steht] ... ein Heiligtum des Achilleus ... die Epheben aber, welche im Platanistas kämpfen wollen, pflegen vor dem Kampfe dem Achilleus zu opfern."[230]

„... In zwei Haufen geteilt, deren einer der herkulische, der andere der lykurgische heißt, fallen sich nackte spartanische Jünglinge auf einem vom Wasser umschlossenen Platz gegenseitig feindlich an und kämpfen solange miteinander, bis entweder die herkulische Partei die lykurgische Partei oder diese die erstere ins Wasser hineingetrieben hat, worauf dann der Friede hergestellt ist und keiner dem andern mehr einen Schlag geben darf."[231]

„Als ich zu Sparta war, sah ich die Jünglinge sich mit Fäusten, Nägeln und Zähnen gegeneinander wehren, und mit so unglaublicher Erbitterung gegeneinander kämpfen, daß sie lieber atemlos hinsanken als sich für überwunden erklärten."[232]

VI

Außer den Festen, an denen alle teilnahmen, gab es Feiern, die allein von den *Mädchen* veranstaltet wurden. Eines der wichtigsten war das Fest der Artemis in Karyai, einer Stadt im Norden des spartanischen Staatsgebietes. Hier stand eines der ältesten Heiligtümer der Göttin, und die Tänze, die die jungen Spartanerinnen dort aufführten, waren in ganz Griechenland berühmt. Die tanzenden Mädchen hießen Karyatiden. Ihr Bild ist auf zahlreichen Kunstwerken des Altertums festgehalten. Man sieht auf ihnen junge Mädchen, die, mit einem leichten kur-

Die Mädchenstatue gehört zu einer Gruppe, die tanzende junge Spartanerinnen darstellt. Junge Mädchen in festlicher Tracht, die einen Baumstamm umringen, versinnbildlichen den Karyatidentanz, einen in Sparta hochberühmten Chorreigen zu Ehren der Artemis. Die Figur stammt aus dem späten 4. Jahrhundert v. Chr. und wurde in Delphi gefunden.

zen Gewand und einem korbartig geflochtenen Kopfschmuck angetan, sich in gemessenem Rhythmus schreitend und drehend bewegen. Der Tanz galt als altertümlich und wurde auf Kastor und Pollux zurückgeführt:

„Die Lakedämonier ... haben von Kastor und Pollux den Tanz von Karyai gelernt, einem Dorf im lakonischen Gebiet, wo diese Art von Tanz gelehrt wird.“[233]

„Der Ort Karayai ist der Artemis und den Nymphen geheiligt; es steht dort unter freiem Himmel eine Bildsäule der Artemis Karyatis. Dort führen die lakedämonischen Jungfrauen jährlich Reigen auf, und sie haben dazu einen einheimischen Tanz.“[234]

„Es gibt auch lakonische Tänze ... Zu diesen gehören ... die Karyatiden im Dienst der Artemis.“[235]

Außer der Artemisfeier sind Mädchenwettläufe zu Ehren des Dionysos überliefert:

„[Dem Heros des Dionysos Kolonatas] ... opfern die Dionysiaden ..., bevor sie dem Gott selbst opfern. Was die anderen elf Mädchen betrifft, die sie ebenfalls Dionysiaden nennen, so ordnen sie diesen einen Wettlauf an, und zwar nach einem Befehl aus Delphi.“[236]

9. Der Kampf der Spartaner bei den Thermopylen

Die spartanische Erziehung hat einen Menschentypus geformt, der durch seine Hingabefähigkeit, durch seine Selbstzucht und durch seinen Mut die Aufgaben der Staatsführung durch Jahrhunderte gemeistert hat. Die stärkste und leuchtendste Leistung dieses kriegerisch-politischen Menschentums ist der Kampf der dreihundert Spartiaten gegen das Heer des persischen Großkönigs in der Gebirgsschlucht von Thermopylae. Der Opfertod der kleinen Schar spartanischer Männer gegen die unvergleichliche Übermacht des Feindes ist eine der ehrenvollsten Taten der griechischen Geschichte; mit ihm hat sich der Geist Spartas ein für alle Zeiten bleibendes Denkmal seiner Kraft und Größe geschaffen.

[Der Paß, der den Übergang zwischen dem Norden und der Mitte Griechenlands bildet, sind die Thermopylen.] – „Nach Abend von Thermopylä ist ein unzugänglicher, jäher und hoher Berg, der sich bis an den Öta erstreckt, nach Morgen aber kommt gleich das Meer und Sümpfe. In diesem Eingang sind warme Quellen, von den Leuten des Landes Chytroi oder Kochtöpfe genannt, und dabei ist ein Altar des Herakles. Es ist auch in diesem Paß eine Mauer gebaut, und vor alters waren Tore drin ... Die alte Mauer nun war zwar vor langen Zeiten gebaut und größtenteils schon vor Alter eingefallen; sie aber beschlossen, sie wieder aufzurichten und so den Feind von Hellas abzuhalten. Es ist aber ein Flecken nahe an dem Weg, namens Alpenoi, und daraus dachten die Hellenen, sich mit Lebensmitteln zu versehen.[237] ...

... König Xerxes lagerte sich nun bei Trachis im melischen Land, die Hellenen aber in dem Paß ... Es lagerten also beide Teile an diesen Orten. Er war Herr von allem Land gegen Mitternacht bis Trachis, sie aber von allem, was auf diesem Festland nach Mittag und Süden liegt.

Die Hellenen, die den König an dieser Stätte erwarteten, waren folgende. Dreihundert Schwerbewaffnete aus Sparta, tausend Tegeaten und Mantineer, von jeder Stadt die Hälfte; von Orchomenos in Arkadien hundertzwanzig; aus dem übrigen Arkadien tausend. Soviel waren Arkadier;

von Korinth aber vierhundert, von Phleius zweihundert, von Mykene achtzig, die aus der Peloponnes gekommen waren; von den Böotern siebenhundert Mann aus Thespiä und vierhundert aus Theben. Dazu kamen noch die opuntischen Lokrer, die aufgeboten waren mit aller ihrer Macht, und tausend Mann Phoker...

Diese hatten nun ihrer verschiedenen Feldherrn nach den einzelnen Städten; der meistbewunderte von allen aber und der Führer des gesamten Heeres war der Lakedämonier Leonidas, der Sohn des Anarandridas ... Dieser ging nach Thermopylä, nachdem er sich dreihundert Männer, solche, die schon Kinder hatten, auserwählt hatte. Und er kam an, nachdem er auch von den Thebanern so viele mitgenommen hatte, als ich bei der Aufzählung angegeben habe, deren Anführer Leontiades, des Eurymachos Sohn, war. Diese eilte Leonidas allein von allen Hellenen mitzunehmen, weil man sie sehr in Verdacht hatte, daß sie medisch gesinnt seien. Er bot sie zum Kriege auf, um zu sehen, ob sie Beistand schicken oder sich ganz offenbar von dem hellenischen Bunde lossagen würden. Aber sie schickten, obgleich sie ganz anders gesinnt waren.

Diese Leute mit Leonidas schickten die Spartaner voran, damit die übrigen Bundesgenossen bei ihrem Anblick mit ins Feld zögen, und nicht auch medisch würden, wenn sie noch zögerten; sie wollten nur erst das Karneenfest feiern, das vor der Tür war, und sodann eine Wache in Sparta lassen und dann schnell mit aller Macht ins Feld ziehen. So gedachten auch die übrigen Hellenen, es ebenso zu machen, denn das olympische Fest fiel gerade in diese Zeit. Sie glaubten gar nicht, daß der Kampf in Thermopylä so schnell entschieden werden würde, darum schickten sie diese voran.

So gedachten sie zu tun. Die Hellenen in Thermopylä aber fürchteten sich, als die Perser sich dem Paß näherten, und hielten Rat über den Rückzug. Die übrigen Peloponnesier nun wollten nach der Peloponnes gehen und den Isthmos besetzen, Leonidas aber stimmte, als die Phoker und Lokrer sich dieser Meinung heftig widersetzten, dafür, sie wollten daselbst bleiben und Boten in die Städte senden, die um Verstärkung bitten sollten, denn sie wären zu schwach, das Mederheer aufzuhalten.

Als sie sich berieten, schickte Xerxes einen Späher zu Pferde ab, um zu sehen, wie stark sie wären und was sie machten. Denn er hatte schon in Thessalien gehört, daß sich hier ein kleines Heer versammelt hätte und daß seine Anführer die Lakedämonier und Leonidas vom Geschlecht des Herakles wären. Und als der Reiter an das Lager heranritt, überschaute und sah er zwar nicht das ganze Lager, denn die jenseits der von ihnen aufgerichteten und bewachten Mauer stehenden Männer konnte er nicht übersehen, sondern er bemerkte nur die, welche außerhalb vor dem Eingang lagerten. Es hatten aber gerade zu derselben Zeit die Lakedämonier draußen die Wache, und er sah, wie einige Männer Leibesübungen anstellten, andere aber ihr Haar kämmten. Als er das sah, verwunderte er sich und merkte sich die Zahl. Als er nun alles genau beobachtet hatte, ritt er ruhig zurück; denn keiner verfolgte ihn, und sie bekümmerten sich gar nicht um ihn. Und als er zurückkam, sagte er dem Xerxes alles, war er gesehen hatte. Als Xerxes das hörte, begriff er nicht, daß sie sich eigentlich nach allen Kräften zum Tod oder zum Sieg bereiteten, sondern ihr Tun kam ihm lächerlich vor. Darum ließ er den Demaratos zu sich rufen, des Ariston Sohn, der in seinem Heere war, und als

Diese prachtvolle Kriegerstatue, die man für die Darstellung des Leonidas hält, wurde 1925 bei britischen Ausgrabungen in der Nähe des Artemis Orthia-Heiligtums in Sparta gefunden.

dieser ankam, fragte ihn Xerxes nach allem, denn er wollte gern wissen, was die Lakedämonier täten. Der aber sprach:

‚Schon früher, als wir nach Hellas aufbrachen, habe ich mit dir, König, über diese Männer gesprochen, und du hast mich ausgelacht, als ich dir sagte, wie diese Sache nach meiner Ansicht kommen würde. Denn es ist für mich ein gefährliches Amt, Herr, die Wahrheit vor dir zu reden; jedoch vernimm sie auch jetzt. Diese Männer sind gekommen, um uns den Paß streitig zu machen, und dazu bereiten sie sich vor. Denn das ist Sitte bei ihnen, wenn sie ihr Leben auf das Spiel setzen wollen, dann schmücken sie ihr Haupt. Wisse aber, wenn du diese und was in Sparta geblieben ist, bezwingst, so ist kein Volk auf der Welt mehr, das es wagt, gegen dich, König, den Arm zu erheben. Denn jetzt hast du es mit dem schönsten Königreich und mit den tapfersten Männern zu tun.'

Das erschien Xerxes ganz unglaublich, und er fragte weiter, auf welche Art ein so kleiner Haufen sein Heer sollte bekämpfen können. Jener aber sprach:

,Herr, du sollst mich für einen Lügner ansehen, wenn es nicht so kommt, wie ich sage.'

Xerxes aber glaubte ihm trotzdem nicht. Er ließ nun vier Tage vorbeigehen, denn er hoffte immer, sie würden davonlaufen. Am fünften aber, als sie sich nicht zurückzogen, sondern er deutlich einsah, sie wären tollkühn und unklug genug, standzuhalten, schickte er voller Wut gegen sie die Meder und die Kissier und befahl ihnen, sie lebendig zu fangen und vor sein Angesicht zu führen. Als nun die Meder andrangen und ihren Angriff auf die Hellenen ausführten, fielen eine Menge, auch die anderen rückten näher und konnten sie nicht zum Weichen bringen, obwohl ihr Verlust bedeutend war. Da wurde es denn aller Welt und namentlich dem König klar, daß es wohl viel Menschen wären, aber nur wenig Männer. Das Treffen aber dauerte den ganzen Tag. Nachdem die Meder übel zugerichtet waren, wichen sie zurück, und an ihrer Stelle rückten unter Führung des Hydarnes Perser vor, die der König die Unsterblichen nannte, in der Erwartung, sie würden leicht mit den Hellenen fertig. Und als auch diese mit den Hellenen handgemein wurden, richteten sie nicht mehr aus als das medische Heer, sondern es ging ihnen ebenso, weil sie in dem engen Paß kämpften und kürzere Speere als die Hellenen hatten und ihre Übermacht nicht angebracht war. Die Lakedämonier aber fochten mutig und tapfer und zeigten, daß sie den Krieg verstanden, der Feind aber nicht, besonders dadurch, daß sie ihm zuweilen den Rücken wandten und dann alle mit einemmal flohen. Die Feinde aber, die sie fliehen sahen, jagten ihnen mit Lärm und Geschrei nach, sie aber wandten sich, wenn jene nahe an sie gekommen waren, den Feinden entgegen, und auf diese Art machten sie eine unzählige Menge Perser nieder; es fielen aber auch von den Spartanern einige wenige. Als nun die Perser den Paß nicht erstürmen konnten, obwohl sie in einzelnen Scharen und mit der ganzen Macht angriffen, zogen sie sich zurück. Während dieses Handgemenges soll Xerxes, der zusah, dreimal von seinem Stuhl aus Besorgnis für sein Heer aufgesprungen sein.

Damals nun kämpften sie also; am folgenden Tage aber fochten die Feinde nicht glücklicher. Weil ihnen nämlich so wenig Hellenen entgegenstanden, griffen sie sie in der Hoffnung an, sie wären verwundet und nicht mehr imstande, einen Arm zu rühren. Aber die Hellenen standen in ihren Gliedern nach den Völkerschaften, und es kämpfte jeder nach der Reihe, außer den Phokern; sie standen auf dem Berge, um den Fußpfad zu bewachen. Als es nun die Perser um nichts anders als am vorigen Tage fanden, zogen sie sich zurück.

Da nun Xerxes nicht wußte, was er tun sollte, trat vor ihn Ephialtes, des Eurydemos Sohn, ein Melier, in der Meinung, eine große Belohnung von dem Könige zu erhalten, und verriet ihm den Fußpfad, der über das Gebirge nach Thermopylä führte, und brachte die Hellenen, die dort standen, ins Verderben. ...

Xerxes aber gefiel, was Ephialtes auszuführen verhieß, und er war alsbald sehr erfreut und schickte den Hydarnes mit seinen Leuten ab. Diese brachen um die Zeit, wo man die Lichter anzündet, aus dem Lager auf. ...

Auf dem Fußpfad ... zogen die Perser, nachdem sie über den Asopos gegangen waren, die ganze Nacht, indem sie rechts das Ötäische, links das Trachinische Gebirge hatten. Und als die Morgenröte hervorkam, waren sie auf der Höhe des Berges. Hier standen, wie ich schon zuvor gesagt habe, tausend Mann schwerbewaffnete Phoker, um ihr eigenes Land zu schützen und den Fußpfad zu bewachen; denn der Paß unten wurde von den Leuten verteidigt, die wir schon kennen; den Fußpfad über das Gebirge zu verteidigen hatten die Phoker freiwillig dem Leonidas angeboten. Es merkten aber die Phoker, daß jene heraufgestiegen waren, auf folgende Art. Die Perser nämlich waren unbemerkt bis oben auf den Berg gekommen, weil alles dicht voller Eichen stand. Es war windstilles Wetter, und als ein großes Geräusch entstand, wie natürlich, weil das Laub unter ihren Füßen rauschte, sprangen die Phoker auf und legten ihre Rüstung an. Und sofort erschienen auch die Feinde, und als sie dort Männer sahen, die ihre Rüstung anlegten, verwunderten sie sich; denn sie hatten gehofft, es würde ihnen sich nichts entgegenstellen, und nun stießen sie auf einen Heerhaufen. Da fürchtete Hydarnes, die Phoker möchten Lakedämonier sein, und fragte den Ephialtes, was das für Leute seien. Und als er es nach der Wahrheit erfuhr, stellte er die Perser in Schlachtordnung auf. Als nun die Phoker von einem dichten Pfeilhagel getroffen wurden, flohen sie auf den Gipfel des Berges, denn sie glaubten, jene wären allein ihretwegen gekommen, und bereiteten sich zum Tode vor. So dachten sie; die Perser aber mit Ephialtes und Hydarnes kümmerten sich um die Phoker gar nicht, sondern gingen eilends den Berg hinab.

Den Hellenen bei Thermopylä hatte zuerst der Wahrsager Megistias, als er die Opfer betrachtet hatte, vorhergesagt, daß sie am Morgen ihren Tod finden würden. Sodann kamen Überläufer, die ihnen meldeten, daß die Perser über den Berg gingen, diese zeigten es ihnen noch während der Nacht an, zum dritten aber die Späher, die bei Tagesanbruch von den Höhen heruntergelaufen kamen. Da hielten die Hellenen Rat, und ihre Meinungen waren geteilt. Ein Teil nämlich wollte nicht zugeben, daß man den Platz verlasse, der andere stritt dagegen. Darauf trennten sie sich, und ein Teil zog ab und zerstreute sich, ein jeder in seine Stadt; andere aber mit Leonidas rüsteten sich, standzuhalten. Es wird erzählt, daß Leonidas selber sie fortgeschickt habe, aus Sorge für ihr Leben; ihn aber und seinen Spartanern hätte es nicht geziemt, den Platz zu verlassen, zu dessen Verteidigung sie eigentlich abgesandt waren. Und dieser Meinung bin ich auch durchaus, daß Leonidas den Bundesgenossen den Befehl zum Rückzug gegeben hat, als er sah, wie sie nicht mit ganzem Herzen dabei waren und nicht freiwillig mit in den Tod gehen wollten, daß es ihm selbst aber nicht zieme, wegzugehen. Und durch sein Bleiben hat er sich großen Ruhm erworben, und Spartas Glück ward nicht getrübt. Die Spartaner nämlich hatten, als sie den Gott über diesen Krieg befragten, gleich zu Anfang desselben den Spruch bekommen, entweder würde Lakedämon von den Feinden zerstört werden, oder ihr König werde fallen. Diesen Spruch gab er ihnen in sechsmaßigen Versen, die also lauteten:

Euch, o ihr Bewohner der räumigen Stadt Lakedämon,
Wird entweder die Stadt, die hochgepriesene, fallen
Durch das persische Volk, wo nicht, so beweint Lakedämon
Eines Königes Tod, entsprossen von Herakles Stamme.
Jenem kann der Stiere Gewalt nicht oder der Löwen
Widerstehn, er ist mächtig wie Zeus, und eher fürwahr nicht
Endet er, bis er sich selbst der Könige einen dahinnimmt.

Das bedachte Leonidas, und weil er den Spartanern allein den Ruhm zuwenden wollte, schickte er die Bundesgenossen weg, und das glaube ich viel eher, als daß sie uneinig geworden und so ohne alle Ordnung davongegangen sind. Dafür ist auch folgendes ein Beweis. Es ist nämlich bekannt, daß Leonidas nicht allein die übrigen, sondern auch den Wahrsager, welcher dem Heer folgte, den Akarnaner Megistias, der von Melampos abstammen soll, denselben, der ihnen aus dem Opfer weissagte, wie es ihnen ergehen würde – daß er diesen auch weggehen hieß, damit er nicht mit ihnen umkäme. Dieser aber verließ sie trotz des Befehls dennoch nicht; seinen einzigen Sohn aber, der mit ins Feld gezogen war, schickte er weg.

Die entlassenen Bundesgenossen also zogen ab und gehorchten dem Leonidas; die Thespier und Thebaner aber blieben allein da bei den Lakedämoniern. Die Thebaner blieben wider ihren Willen und ungern, denn Leonidas hielt sie fest und betrachtete sie als Geiseln, die Thespier dagegen mit freudigem herzen, und sie sagten, sie wollten Leonidas und seine Leute nicht verlassen und nach Hause gehen, sondern sie blieben und fielen mit ihnen. Es war aber ihr Anführer Demophilos, des Diadromas Sohn.

Xerxes aber wartete, nachdem er der aufgehenden Sonne gespendet hatte, noch eine zeitlang, und ungefähr um die Stunde, wo der Markt voll wird, rückte er heran, weil Ephialtes es so angegeben hatte. Denn der Weg den Berg hinunter ist kürzer als der Weg um den Berg und hinauf. Die Feinde unter Xerxes rückten nun näher, und die Hellenen unter Leonidas gingen jetzt, wo sie in den Tod zogen, viel weiter vor in die Breite der Schlucht als zu Anfang, denn die Schutzwehr der Mauer deckte sie. Die vorigen Tage waren sie in den Engpaß selbst zum Kampf gezogen; nun aber trafen sie sich jenseits des Engpasses, und da fielen eine Menge Feinde. Denn hinter den Gliedern standen die Führer mit Geißeln, die hieben drauflos und trieben sie immer vorwärts. Viele von ihnen stürzten in das Meer und ertranken, weit mehr aber wurden lebendig von den anderen zertreten; es mochte sterben, was starb. Denn weil die Hellenen wußten, ihr Tod wäre ihnen gewiß durch die, welche den Berg umgangen hatten, setzte ein jeder voll Todesverachtung und Tollkühnheit alle seine Kraft gegen die Barbaren ein.

Da nun schon damals den meisten von ihnen die Lanzen zerbrochen waren, gingen sie den Persern mit dem Schwert zu Leibe. Und Leonidas fiel in diesem Blutbade, nachdem er heldenmütig gekämpft hatte, und mit ihm viele angesehene Spartaner ... Aber es fiel auch von den Persern eine große Zahl, darunter auch zwei Söhne des Dareios, Abrokomas und Hyperanthes...

Auch zwei Brüder des Xerxes fielen hier im Kampf, und über dem Leichnam des Leonidas entstand ein großes Gedränge der Perser und

Lakedämonier, bis die Hellenen ihn durch ihre Tapferkeit fortbrachten und den Feind viermal in die Flucht jagten. Das dauerte so lange, bis die Leute mit Ephialtes dazukamen. Als die Hellenen diese ankommen sahen, nahm die Schlacht eine andere Gestalt an. Denn sie wichen zurück in die Enge des Weges, gingen wieder hinter die Mauer; dort rückten sie alle auf dem Hügel zusammen und sammelten sich zu einem Haufen, außer den Thebanern. Dieser Hügel aber ist in dem Eingang, wo jetzt der steinerne Löwe zu Ehren des Leonidas steht. Hier an dieser Stelle wehrten sie sich mit den Schwertern, die noch solche hatten, und mit Händen und Zähnen; aber die Feinde begruben sie unter ihren Schlägen, denn ein Teil jagte ihnen nach und riß die Schutzmauer nieder, die anderen aber umringten sie von allen Seiten.

Trotzdem die Lakedämonier und Thespier sich so hielten, soll sich doch am tapfersten Dienekes von Sparta gezeigt haben. Er soll folgendes Wort gesprochen haben, noch ehe es zum Kampfe mit den Medern kam, als er von einem Trachinier hörte, wenn die Feinde ihre Geschosse abschössen, die Sonne durch die Menge der Pfeile verdunkelt werden würde, so groß sei ihre Menge; da soll er, unerschrocken und unbekümmert um die Menge der Meder, gesagt haben, das, was der trachinische Freund berichtete, wäre ja nur sehr gut für sie; wenn die Meder die Sonne verdunkelten, so würde man mit ihnen im Schatten und nicht in der Sonne kämpfen. Diese und dergleichen Reden mehr soll der Lakedämonier Dienekes zu seinem Ruhm geführt haben. Nach ihm aber, sagen die Lakedämonier, hätten sich am tapfersten zwei Brüder, Alpheos und Maron, des Orsiphantos Söhne, gehalten. Von den Thespiern aber tat sich am meisten hervor Dithyrambos, des Harmatidas Sohn.

Sie wurden an eben der Stelle begraben, wo sie fielen, für sie und für diejenigen, die gefallen waren, ehe Leonidas die anderen entlassen hatte, ist eine Inschrift errichtet:

> Mit dreihundertmal Zehntausenden kämpfeten einstmals
> Hier viertausend Mann Peloponnesiervolk.

Diese Inschrift ist für alle; folgende aber für die Spartaner besonders:

> Wanderer, kommst du nach Sparta, verkündige dorten,
> Du habest
> Uns hier liegen gesehen; unseren Gesetzen getreu."[238]

Anhang

Jugendleben und Jugenderziehung auf der Insel Kreta

In der gleichfalls dorischen Staatsgründung auf der Insel Kreta bestand ein den spartanischen Einrichtungen sehr ähnliches Erziehungswesen. Der gemeinsame dorische Stammescharakter hatte hier eine gleichartige Erziehungsweise geschaffen. Erweckung des Gemeinschaftsgeistes und Ausbildung der kriegerischen Tüchtigkeit waren auch hier das oberste Ziel der Erziehung, das unter der Leitung des Staates in einem einheitlichen System von Zuchtordnungen der Jugend als Lebensgesetz eingeprägt wurde. Der wesentliche Unterschied zwischen der spartanischen und kretischen Erziehungssitte bestand darin, daß auf Kreta neben den öffentlichen Organisationen die Familie sehr viel stärker zur Ausbildung der Jugend herangezogen wurde. Die Knaben blieben während eines bedeutend längeren Zeitraumes als in Sparta, bis zu ihrem siebzehnten Lebensjahre, der Familie anvertraut. Erst als achtzehnjährige Jünglinge traten sie in die Gemeinschaft der Bünde ein. In der Zeit vorher war jedoch auch die Erziehung innerhalb der Familie mit der Teilnahme am öffentlichen Gemeinschaftsleben verknüpft. Die Knaben wurden von ihren Vätern regelmäßig zu den Zusammenkünften der Männerkorporationen mitgenommen. Umgekehrt stand die öffentliche Erziehung dadurch in Verbindung mit der Familie, daß der Vater des jeweiligen Führers einer Knabengruppe eine Art Oberaufsicht über das jugendliche Zusammenleben hatte. Vor ihrem Eintritt in die Bünde hießen die Knaben „Skotioi" oder „Apageloi", d. h. die im Dunkel außerhalb der öffentlichen Gemeinschaft Lebenden:

„... der Gesetzgeber verlangte, daß die Knaben in die sogenannten Agelai, die Erwachsenen in Syssitien eintraten, die sie Andria [Männerzusammenkünfte] nannten, damit Reichen und Armen durch die gemeinsamen öffentlichen Speisungen das gleiche zuteil würde. Um aber die Tapferkeit und nicht die Feigheit bei ihnen vorherrschend zu machen, wurden sie von Kindheit an in den Waffen und im Ertragen von

Mühseligkeiten geübt, so daß sie Hitze und Kälte, rauhe und steile Wege und Schläge auf den Übungsplätzen und in den angeordneten Kämpfen nicht achteten. Ebenso übten sie sich im Bogenschießen und im Waffentanz, den zuerst Cures gelehrt hatte, der später den von ihm so genannten Tanz der Pyrrhiche einführte, so daß nicht einmal ihre Kinderspiele dessen entbehrten, was zum Kriege nötig ist. Sie gebrauchten aber auch in ihren Liedern das kräftige kretische Versmaß, dessen Erfinder Thales war, dem man auch die Schlachtgesänge und die übrigen einheimischen Lieder und viele gesetzliche Verordnungen zuschreibt. Auch kriegerische Kleidung und kriegerische Schuhe trugen sie, und Waffen waren ihnen unter den Geschenken das wertvollste. ...

Heiraten müssen bei ihnen alle diejenigen zugleich, die zu derselben Zeit aus der Agele der Knaben austreten. Doch nehmen sie die angetrauten Mädchen nicht sogleich zu sich, sondern erst, wenn diese das Hauswesen hinreichend verstehen. Die Knaben lernen lesen und die gesetzlichen Lieder und bestimmte Arten der Musik. Die Jüngeren werden in die Speisegemeinschaften oder Andria geführt. Dort sitzen sie auf dem Boden in einfachen Kleidern, und zwar Sommer und Winter in denselben. Sie bedienen sich gegenseitig und auch die Männer. Diejenigen, die zu derselben Gemeinschaft gehören, tragen Kämpfe miteinander und auch mit den anderen Gruppen aus. Jedem Andrion ist ein Paidonomos vorgesetzt. Die Älteren kommen in die Agelai. Die Agelai werden von den ausgezeichnetsten und mächtigsten Jünglingen gebildet, indem jeder so viele Knaben, als er imstande ist, um sich sammelt. Jede Agele hat einen Vorsteher; dies ist meistenteils der Vater dessen, der sie zusammengebracht hat. Dieser hat das Recht, sie zur Jagd und zum Laufen zu führen und die Ungehorsamen zu bestrafen. Ernährt werden sie auf öffentliche Kosten. An bestimmten festgesetzten Tagen kämpft eine Agele im Takt unter Flöten- und Leierspiel gegen eine andere, so wie es bei ihnen auch im Kriege Sitte ist. Sie schlagen sich teils mit den Händen, teils mit eisernen Waffen."[239]

„Auf Kreta leben die Knaben miteinander zusammen, Sommer und Winter mit einem einzigen Gewand bekleidet. Sie werden in Scharen zusammengefaßt, und jede Schar hat einen Anführer, der Agelates genannt wird. Dieser versammelt sie, wo er will, und führt sie auch zur Jagd hinaus. Meistens schlafen sie auch gemeinsam zusammen. Nach einem Gesetz veranstalten sie Kämpfe, bei denen sie mit Fäusten und Stöcken gegeneinander streiten. Bei ihren Zusammenkünften blasen einige auf der Flöte, andere spielen die Zither. Sie werden zur Tapferkeit und Selbstbe-

herrschung erzogen. Von den Wissenschaften lernen sie allein die An-
fangsgründe, und auch diese nur mäßig."[240] „Die Knaben der Kreter machen, in Scharen eingeteilt, eine gemeinsame strenge Erziehung durch. Sie pflegen die Jagd, streifen mit bloßen
Füßen durch die Berge und werden bewaffnet mit großer Sorgfalt in dem
Tanz der sogenannten Pyrrhiche geübt, dessen Schöpfer der Kreter Pyrr-
hichos aus Kydonia ist. Die Männer nehmen gemeinsam in der Öffentlichkeit ihre Mahlzeiten ein, und alle bekommen ohne Unterschied den
gleichen Anteil an den Speisen. Als Geschenke sind Waffen bei ihnen am
höchsten geschätzt."[241]

„Die Lykier[242] veranstalten die gemeinsamen Mahlzeiten auf folgende
Weise: Jeder liefert von den geernteten Früchten den zehnten Teil an die
Genossenschaft ab, außerdem etwas von seinem Anteil aus den öffentlichen Einkünften, die von den Obersten der Stadt an jede Familie ausge-
teilt werden. Von den Sklaven steuert jeder einen aeginetischen Krater
pro Kopf bei. Alle Bürger sind auf Genossenschaften verteilt, die Andria
genannt werden. Die Sorge für die Mahlzeiten hat eine Frau, der drei bis
vier Genossinnen helfend zur Seite stehen. Jeder von ihnen folgen zwei
holztragende Diener, die sogenannten Kalophoroi. Für diese Zusam-
menkünfte sind in ganz Kreta zwei verschiedene Häuser bestimmt: das
eine nennen sie Andreion, das andere, in dem sie die Fremden beherbergen, heißt Koineterion ... Jeder von den Teilnehmern erhält eine gleiche Portion. Den jüngeren wird von dem Fleisch nur die Hälfte gegeben,
und von den übrigen Zutaten bekommen sie nichts. Nach dem Essen
wird auf die einzelnen Tische ein mit verdünntem Wein gefüllter Trink-
krug gestellt. Alle, die zusammen an einem Tische sitzen, trinken gemeinsam aus ihm. Auch anderes wird nach der Mahlzeit gereicht. Für
die Knaben aber wird ein für alle gemeinsamer Mischkrug hergerichtet. Wenn die Älteren mehr trinken wollen, ist ihnen dies nicht verwehrt.
Die Vorsteherin der Syssitien nimmt vor den Augen aller die besten Gerichte und reicht sie denen, die wegen ihrer Kriegstüchtigkeit und wegen ihrer Klugheit als die hervorragendsten gelten. Nach dem Essen ist
es Sitte, über die öffentlichen Angelegenheiten miteinander zu sprechen,
indem man sich teils an die vergangenen Kriegstaten erinnert und die
tapferen Männer preist, teils die Jüngeren zur männlichen Tüchtigkeit
anfeuert."[243]

„Bei den Syssitien sitzen die Kreter zu gemeinsamer Speisung zusammen; die Jüngsten von ihnen stehen zur Bedienung zur Seite. Nachdem
sie unter Gebeten den Göttern geopfert haben, teilen sie von den aufge-

tragenen Speisen an alle aus. Den Knaben, die hinter den Sitzen ihrer Väter ihren Platz haben, geben sie die Hälfte von dem, was den erwachsenen Männern vorgesetzt wird. Die Waisenkinder erhalten einen vollen Männeranteil."[244]

„Skotioi [die Verborgenen] nennen die Kreter die noch unerwachsenen Knaben."[245]

„Apagelos heißt der noch nicht in eine Agele aufgenommene Knabe. Ein solcher ist er bis zu seinem siebzehnten Lebensjahr."[246]

„Die Kreter verordneten, daß die freigeborenen Knaben die Gesetze gesangweise lernen sollten, damit sie, von der Musik angezogen, sie desto leichter aufnehmen und sich beim Begehen einer verbotenen Handlung nicht mit Unwissenheit entschuldigen könnten. Das zweite, das bei ihnen zu lernen Pflicht war, waren Loblieder auf die Götter, und das dritte: Lobgesänge auf edle Männer."[247]

Anmerkungen

[1] Eine ausführliche Darstellung der Entwicklung des Spartabildes und eine eingehende Auseinandersetzung mit dem Zeugniswert der einzelnen Quellen würden Zweck und Rahmen der vorliegenden Sammlung sprengen. Der kurze Abriß hier soll an anderer Stelle ergänzt werden.

[2] Plutarch. *Lykurg* 25.

[3] Ebd. 24.

[4] Aus einer Rede des lakedämonischen Königs Archidamos an die Spartiaten. Thukydides II, 11.

[5] Die Ehrenwirte hatten in Sparta die ehrenamtliche Aufgabe, die Ausländer, die sich in Sparta aufhielten, bei sich zu beherbergen und ihnen in allem behilflich zu sein.

[6] Herodot VI, 56f.

[7] Plutarch. *Lykurg* 5, 26.

[8] An dieser Stelle sei einmal als an einem Beispiel auf den Unterschied zwischen ursprünglicher spartanischer Wirklichkeit und ihrer Umformung durch die spätere Geschichtsschreibung hingewiesen. Als Tatsache wird überliefert, daß die Spartiaten ihre Volksversammlungen unter sehr schlichten und schmucklosen Formen abhielten. Sie selbst haben keine Äußerungen über den Sinn dieser Sitte hinterlassen. Die Darstellung des Plutarch, die das Ganze als eine bewußte, bis ins einzelne psychologisch durchdachte und moralisch orientierte Maßregel erklärt, ist die Zutat eines späten Denkers, der aus dem Geist einer reflektierenden Moral heraus urteilt. Der wahre Sachverhalt wird sehr viel schlichter und unmittelbarer gewesen sein. Die Kargheit der äußeren Mittel und der Impuls einer genügsamen, mehr auf die Sachen als auf die Form gerichteten Haltung als die natürliche und selbstverständliche Ausfluß der allgemeinen, auf Einfachheit und Sachlichkeit abgestimmten Landessitte werden der wahre Hintergrund dieses Brauches sein.

[9] Rhetra hießen die auf göttliches Gebot zurückgeführten Staatsgrundgesetze.

[10] Plutarch. *Lykurg* 6.

[11] Aristoteles. *Politik* 1270 b.

[12] Xenophon. *Staat der Lakedämonier* VIII, 4.

[13] Ebd. XV, 7.

[14] Ebd. XIII, 5.

[15] Midimnos: ein Hohlmaß, etwa 55 Liter fassend.

[16] Plutarch. *Lykurg* 8.

[17] Choos: Maß für Flüssigkeiten, etwa 3 Liter. Mine: Gewichtsmaß, etwa 450 Gramm.

[18] Plutarch. *Lykurg* 10 und 12.

[19] Ebd. 9.

[20] Ebd. 13.

[21] Ebd. 24.

[22] Xenophon. *Staat der Lakedämonier* VII, 1.

[23] Lesche: öffentlicher Versammlungsraum.

[21] Plutarch. *Lykurg* 24 und 25.
[25] Xenophon. *Staat der Lakedämonier* XIff.
[26] Plutarch. *Lykurg* 14.
[27] Ebd. 15.
[28] Vgl. Anmerkung [180].
[29] Plutarch. *Lykurg* 14 und 15.
[30] Xenophon. *Staat der Lakedämonier* I, 3.
[31] Kritias. *Staat der Lakedämonier. frg.* 32. In: Diels. *Die Fragmente der Vorsokratiker* II, S. 391, V. Aufl. Berlin, 1935.
[32] Philostratos. *Gymnastik* 27.
[33] Plutarch. *Apophthegmata Laconica* 227e/228a.
[34] Plutarch. *Lykurg* 15.
[35] Xenophon. *Staat der Lakedämonier* I, 5.
[36] Plutarch. *De liberis educandis* 2. Vgl. auch Plutarch. *Agesilaos* I und *Heraklides Lembos*. In: Müller, C. *Fragmenta Historicorum Graecorum*, Paris, 1841ff. *frg.* 2, Bd. III, 168; im folgenden abgekürzt als *F. H. G.* zitiert.
[37] Plutarch. *Lysander* 30. Vgl. auch Ariston. In: Meinecke A. (Hrsg.). *Stobaios, Florilegium*. Bd. III, 3. Leipzig, 1854: „Ein Gesetz der Spartiaten verhängt Strafen einmal wegen Ehelosigkeit, ferner wegen später Heirat und schließlich und vor allem anderen wegen Mißheirat." – Über dasselbe Gesetz berichten Pollux. *Onomasticon* III, 48, und Hesychios. *Lexikon*. In: Schmidt, M. (Hrsg.). Bd. I, S. 13. Jena, 1858.
[38] Plutarch. *Lykurg* 16.
[39] Aristoteles. *Politik* 1270 b.
[40] Plutarch. *Apophth. Lac.* 223.
[41] Plutarch. *Lykurg* 15. Vgl. auch Plutarch. *Apophth. Lac.* 227e–f (14).
[42] Klearchos. In: *F. H. G.*, *frg.* 49, Bd. II, 319.
[43] Nicolaus Damascenus. In: Jacoby, F. (Hrsg.). *Die Fragmente d. Griechischen Historiker* 90. Berlin, 1923ff. *frg.* 103 z (Bd. II A, 387); im folgenden abgekürzt als *F. Gr. Hist.* zitiert.
[44] Plutarch. *Agis* 11. – Heraklide: Angehöriger der einen der beiden Königsfamilien.
[45] Plutarch. *Lykurg* 13.
[46] Plutarch. *Apophth. Lac.* 227 b.
[47] Plutarch. *Über die Erziehung der Kinder* 4. Dieselbe Erzählung in erweiterter Fassung noch einmal bei Plutarch. *Apophth. Lac.* 225f. und bei Nicolaus Damascenus. *frg.* 56, *F. Gr. Hist.* 90 (Bd. II A, 355).
[48] Aristoteles. *Politik* 1337 a.
[49] Aristoteles. *Nikomachische Ethik* 1180 a.
[50] Plutarch. *Instituta Laconica* 238 e.
[51] Teles. In: *Stobaios Florilegium*. Bd. II, S. 68.
[52] Plutarch. *Apophth. Lac.* 235 b (54).
[53] Xenophon. *Staat der Lakedämonier* III, 3.
[54] Plutarch. *Agesilaos* I.
[55] Phylarchos. *frg.* 43. *F. Gr. Hist.* 81 (Bd. II A, 174).
[56] Aelianus. *Vermischte Geschichten* XII, 43.
[57] Teles. In: *Stobaios Florilegium*. Bd. II, S. 68. – Hesychios und Suidas, die spät-

griechischen Verfasser kulturgeschichtlicher Lexika, nennen die Mothaken: „die zugleich mit den Söhnen aufgezogenen Kinder der Hörigen", „die die Freien begleitenden Knaben". Vgl. Hesychios. *Mothakes, Mousax und Mothones.* Suidas. *Mothones;* und auch Harpokration. *Mothon.* Über das Problem der Mothaken vgl. Kahrstedt, U. *Griechisches Staatsrecht.* Bd. I, S. 40. Göttingen, 1922. Busolt, G. *Griechische Staatskunde.* Bd. II, S. 657, 3. Aufl. München, 1926. Wilamowitz, U. *Staat und Gesellschaft der Griechen.* S. 87, 2. Aufl. Leipzig, 1923.

[58] Über Tyrtaios vgl. Wilamowitz, U. *Textgeschichte der griechischen Lyriker.* Berlin, 1900. Schachermeyr, F. *Tyrtaios.* In: *Rheinisches Museum.* N. F., Bd. 81. Frankfurt, 1932. Hinze, K. *Zwei heimatberaubte spartanische Dichter.* In: *Rheinisches Museum.* N. F., Bd. 83. Frankfurt, 1934. Jaeger, W. *Sitzungsberichte der preußischen Akademie der Wissenschaften.* Phil. Hist. Klasse. Berlin, 1932. Jaeger, W. *Paideia.* 2. Aufl. Berlin, 1934.

[59] *Tyrtaios.* In: Diehl, E. *Anthologia Lyrica Graeca. frg.* 9. Leipzig, 1936.

[60] Dies galt als ein Zeichen bevorstehender Niederlage.

[61] A. a. O. *frg.* 8.

[62] A. a. O. *frg.* 6–7.

[63] Die Herakliden, die Söhne des Herakles, hatten der Sage nach den wandernden Stamm der Dorier in den Süden des Peleponnes geführt und galten als die Gründer Spartas.

[64] A. a. O. *frg.* 2–3 a.

[65] Plutarch. *Lykurg* 15.

[66] Ebd. 16.

[67] Über das Eingreifen der Ephoren in die Erziehung vgl. Xenophon. *Staat der Lakedämonier* III. Aelianus. *Vermischte Geschichten* XIV, 7. Agatharchidas. *frg.* 10, *F. Gr. Hist.* 86 (II A, 209).

[68] Xenophon. *Staat der Lakedämonier* II, 2.

[69] Platanistas: eine mit Platanen umwachsene Kampfbahn der spartanischen Jünglinge.

[70] Pausanias III, 11, 2. – Die Bidiäer werden als Amtsbezeichnungen spartanischer Männer auf zahlreichen Inschriften der späteren Zeit erwähnt. Vgl. *Inscriptiones Graecae.* Bd. V, Nr.: 32, 36, 37, 41, 44, 45, 65, 136, 137, 138, 139, 140, 556, 676–685.

[71] Die innere Ordnung der bündischen Gemeinschaften, vor allem das Verhältnis von Agelai, Bouai und Ilai zueinander, ist dunkel. Der Sprachgebrauch setzt alle diese Begriffe teils einander gleich, teils wendet er sie auf verschiedenartige Verbände an. Die geläufige Deutung nimmt Agelai und Bouai als die Hauptabteilungen der Knabengemeinschaften und läßt sie in die Ilai als Unterabteilungen zerfallen. Dagegen ist der Versuch einer genaueren Einteilung gemacht worden: Nach diesem kreuzen sich in der bündischen Organisation der Jugend zwei verschiedene Gliederungsprinzipien. Die Grundform ist die Agele als die Zusammenfassung von Knaben verschiedenen Alters zu einer Lebens- und Wohnungsgemeinschaft unter der Führung eines Jünglings. Mehrere solcher Agelai sind zu einer Ile zusammengeschlossen. Daneben bestand eine Zusammenfassung der Knaben gleichen Alters in den Bouai vor allem für die Zwecke der gymnastischen Ausbildung unter der Leitung eines Gleichaltrigen. Jeder Knabe gehörte immer beiden Gemeinschaftsformen

gleichzeitig an. Vgl. Nilsson, M. P. *Die Grundlagen des spartanischen Lebens.* Klio. Ig. XII, 1912.

[72] Plutarch. *Lykurg* 16.

[73] Ebd.

[74] Ebd.

[75] Ebd. 17.

[76] Ebd. 18.

[77] Ebd. 24.

[78] Ebd. 17.

[79] Plutarch. a. a. O. 16.

[80] Plutarch. *Inst. Lac.* 237 c, d (10).

[81] Ebd. 237 c (8).

[82] Xenophon. *Staat der Lakedämonier* II, 10.

[83] Ebd. VI, 1. Vgl. auch Plutarch. *Inst. Lac.* 237 d (11).

[84] Plutarch. *Lykurg* 12.

[85] Xenophon. *Staat der Lakedämonier* V, 5.

[86] Plutarch. *Apophth. Lac.* 210 b (23). Dieselbe Anekdote berichtet Aelianus. *Vermischte Geschichten* VIII, 13. Er läßt den Agesilaos auf die Frage nach dem Grund seiner einfachen Lebensführung antworten: „... meine jüngeren Mitbürger blicken ebensosehr auf mich wie die jungen Pferde auf die erwachsenen."

[87] Plutarch. *Lykurg* 17/18.

[88] Plutarch. *Inst. Lac.* 237 b (7).

[89] Xenophon. *Staat der Lakedämonier* II, 12.

[90] Aelianus. *Vermischte Geschichten.* III, 10. Vgl. auch III, 12 und Athenaios. 602f.

[91] Plutarch. *Kleomenes* 37.

[92] Plutarch. *Lykurg* 16.

[93] Polemon. *frg.* 86. *F. H. G.* III, 142.

[94] Plutarch. *Lykurg* 16.

[95] A. a. O. 17.

[96] Plutarch. *Inst. Lac.* 237 e (13).

[97] Xenophon. *Staat der Lakedämonier* II, 3.

[98] Platon. *Gesetze.* St. 633.

[99] Heraklides Lembos. *F. H. G.* II, 210.

[100] Cicero. *Quaestiones Tusculanae* II, 14.

[101] Aelianus. *Vermischte Geschichten* XIV, 7.

[102] Agatharchidas. *frg.* 10. *F. Gr. Hist.* 86 (II A, 209).

[103] Hippasos. *F. H. G.* IV, 430.

[104] Platon. *Staat.* St. 452.

[105] Plutarch. *Apophth. Lac.* 228 (25).

[106] *Anthologia Planudea* I, 1. In: Dübner, F. *Anthologia Palatina.* Bd. II, S. 527. Paris, 1864ff.

[107] Plutarch. *Apophth. Lac.* 228 d (23). Bei einigen Kampfspielen war es Sitte, daß der Unterliegende sich durch Ausstrecken der Hand selbst für besiegt erklären mußte.

[108] Das Pankration war eine Übung, die Ringen und Faustkampf zugleich umfaßte.

[109] Plutarch. *Apophthegmata regum et imperatorum* 189 e.
[110] Philostratos. *Über Gymnastik* 9. Vgl. auch Seneca. *de Beneficiis* V, 3.
[111] Plutarch. *Lykurg* 16.
[112] Plutarch. *Agesilaos* 1.
[113] Xenophon. *Memorabilia* IV, 4, 15.
[114] Xenophon. *Staat der Lakedämonier* VIII, 1.
[115] Nicolaus Damascenus. *frg.* 103 z. F. Gr. Hist. 90 (II A, 387).
[116] Plutarch. *Apophth. Lac.* 208ff.
[117] Polybios VI, 48.
[118] Aristoteles. *Politik* 1324 b.
[119] Plato. *Laches.* St. 182.
[120] Plutarch. *Apophth. Lac.* 228 e (28).
[121] Ebd. 210 e (30).
[122] Aelianus. *Vermischte Geschichten* VI, 3.
[123] Plutarch. *Inst. Lac.* 237 d, e (12).
[124] Plutarch. *Lykurg* 17.
[125] Ebd. 18.
[126] Xenophon. *Staat der Lakedämonier* II, 7.
[127] Heraklides Lembos. *F. H. G.* II, 210. Vgl. auch Plutarch. *Apophth. Lac.* 234 a
(35). Gellius. *Noctes Atticae* XI, 18, 17. Xenophon. *Anabasis* IV, 6, 14. Isokrates.
Panathenaikos 277.
[128] Plutarch. *Lysander* 2.
[129] Plutarch. *Agesilaos* 5.
[130] Xenophon. *Staat der Lakedämonier* IX, 1.
[131] Ebd. III, 1.
[132] Plutarch. *Lykurg* 22.
[133] Plutarch. *Kleomenes* 12.
[134] Plutarch. *Lykurg* 28.
[135] Heraklides Lembos. *F. H. G.* II, 210.
[136] Platon. *Gesetze.* St. 633.
[137] Scholie zu Plato. *Gesetze.* St. 633.
[138] Plutarch. *Lykurg* 25.
[139] Xenophon. *Staat der Lakedämonier* IV, 1.
[140] Herodot VI, 56. – Die Zahl hundert ist ein Fehler im Text. Herodot ist an anderen Stellen über die richtige Anzahl wohlunterrichtet.
[141] Isokrates. *Briefe* II, 6.
[142] Herodot VIII, 124.
[143] Plutarch. *Themistokles* 17.
[144] Herodot I, 67.
[145] Plutarch. *Inst. Lac.* 237 a (4).
[146] Aelianus. *Vermischte Geschichten* XII, 50.
[147] Isokrates. *Panathenaikos* 276 d.
[148] Plato. *Protagoras.* St. 342ff.
[149] Plutarch. *Lykurg* 18.
[150] Xenophon. *Staat der Lakedämonier* III, 4.
[151] Plutarch. *De garrulitate* 17.
[152] Plutarch. *Lykurg* 19/20.
[153] Heraklides Lembos. *F. H. G.* II, 210.

127

[154] Plutarch. a. a. O. 25.
[155] Plutarch. *Lykurg* 20.
[156] Ebd. 25.
[157] Plutarch. a. a. O. 12.
[158] Plutarch. *Lykurg* 4.
[159] Ebd. 21.
[160] Plutarch. *Apophth. Lac.* 223 a (1).
[161] Ebd. 235 f (61).
[162] Plutarch. *Inst. Lac.* 239 b (34).
[163] Ebd. 239 b (33).
[164] Terpander war ein berühmter Musiker des VII. Jahrhunderts und galt als der Begründer des Musiklebens in Sparta.
[165] Plutarch. *de musica* 26 und 42.
[166] Heraklides Pontikos. In: Athenaios 624 c/25 b.
[167] Plutarch. *de musica* 32.
[168] Athenaios. 632 f/33 a.
[169] Boetius. *de institutione musica* I, 1.
[170] Plutarch. *de profectibus in virtute* 13.
[171] Plutarch. *Inst. Lac.* 238 c (17). Vgl. auch *Pausanias* III, 12, 10.
[172] Plutarch. *Lykurg* 22.
[173] Lukianos. *de saltatione* 10.
[174] Plutarch. *Inst. Lac.* 238 b (16).
[175] Thukydides V, 70.
[176] Lukianos. *de saltatione* 10–12.
[177] Athenaios. 630 bff.
[178] Platon. *Gesetze*. St. 815.
[179] Siehe S. 28ff.
[180] Die Frage der Nacktheit oder Bekleidetheit hat seit dem Altertum bei allen bisherigen Auseinandersetzungen über die körperliche Erziehung der spartanischen Mädchen einseitig im Vordergrund gestanden. Die Kritiker haben in ihr ein Zeichen der moralischen Laxheit und Vergröberung gesehen, oder man hat, von der unwahrscheinlichen Erscheinung ausgehend, die Glaubwürdigkeit des gesamten spartanischen Mädchensports bestreiten wollen. Dagegen ist daran zu erinnern, daß angesichts der allgemeinen Unbefangenheit in den Dingen des Leibes in Griechenland die ganze Frage nicht entscheidend ist und daß wichtiger als der Streit um die Form die Beschäftigung mit der Bedeutung und dem Inhalt der Mädchenausbildung in Sparta sein muß. Es spricht vieles dafür, daß es sich hier um eine Legendenbildung handelt, die diese besonders eigentümliche Einrichtung Spartas zu einer unwahrscheinlichen Übertreibung aufblähte. Platon, der in seiner Erziehungslehre für die Leibesübungen der Mädchen die Nacktheit forderte und dabei ausdrücklich auf das Beispiel der nackt sich übenden spartanischen Männer verweist, kennt für dort die Sitte des Unbekleidetseins der Mädchen nicht (*Staat*, St. 452). Hätte es sie gegeben, hätte er sie als guter Kenner spartanischer Zustände zur Begründung seiner Forderung bestimmt nicht unerwähnt gelassen. – Vgl. hierzu: Vacano. *Über Mädchensport in Griechenland*. In: Diss. *Das Problem des alten Zeustempels in Olympia*. Köln, 1937.
[181] Plutarch. *Apophth. Lac.* 227 d, e (12, 13).

[182] Plato. *Gesetze*. St. 805/06.
[183] Nicolaus Damascenus. *frg.* 103 z, *F. Gr. Hist.* 90 (Bd. II A, 387).
[184] Theokrit. *Idylle* XVIII v. 22ff.
[185] Pindar. *Fragmente* 112.
[186] Plutarch. *Lykurg* 14.
[187] Cicero. *Tusculanea Disputationes* II, 15.
[188] Aristophanes. *Lysistrata* V, 78.
[189] Heraklides Lembos. *F. H. G.* II, 211.
[190] Das Gedicht erschließt sich dem Verständnis nicht leicht. Es sei ihm deshalb
eine kurze Erläuterung beigegeben.

Der Anlaß des Liedes ist eine Ehrung der Göttin Artemis Orthia. Die Festleistungen sind ein chorischer Tanz, die Darbringung einer Weihgabe und ein
Schmaus. Um die beste Ausgestaltung der Feier kämpfen zwei Mädchenchö-
re gegeneinander.

Das Lied selbst gliedert sich in zwei selbständige Bestandteile. Der erste Teil
enthält mythische Erzählungen, die als Unterlage und Beispiel für eine ab-
schließende allgemeine Spruch-Weisheit dienen. Der Untergang des Usurpa-
tors Hippokoon und seiner Söhne im Kampf gegen den rechtmäßigen Sparta-
nerkönig Tyndareus und seinen Beschützer Herakles und das furchtbare Ende der Giganten bei ihrer Empörung gegen die olympischen Gottheiten zeigen
die Allmacht der Götter und warnen vor der Erhebung gegen ihren Willen. Mit
dem Ausklang dieser aus dem Mythos geschöpften Lehren in den Preis des be-
scheidenen, sich in das Schicksal fügenden Daseins setzt der zweite Teil ein,
der das Leben der Chorgemeinschaft der singenden Mädchen selbst zum Gegenstand hat. Hier spricht ein einzelnes Mädchen als Wortführerin aller, teils
in ernstem Ton, teils in heiterer Scherzhaftigkeit die Gefühle, Wünsche und
Hoffnungen der Mädchenschar aus. Zunächst preisen die Mädchen die Schönsten und Besten aus ihrer Schar: Agido, die vielleicht als eine Art Unterführe-
rin zu vermuten ist, und die eigentliche Führerin des Chores, Hagesichora,
sind die ausgezeichnetsten und bewundernswertesten. Die Rühmung wandelt
sich dann in eine Betrachtung des bevorstehenden Wettkampfes. Die Mädchen vergleichen die Kräfte des eigenen Chores mit denen der von einem
Mädchen namens Ainesimbrota geführten feindlichen Sängergruppe und bitten die Göttinnen um den Sieg. Das Lied klingt aus mit getroster Siegeszuver-
sicht im Vertrauen auf die Trefflichkeit der eigenen Führerin und endet so in
seinem zweiten Teil mit ihrem Lob, wie es mit ihm begonnen hatte. (Man ach-
te darauf, wie viel natürlicher, lebensfrischer und weniger einseitig in diesem
aus dem ursprünglichen Leben Spartas erwachsenen Dokument die Haltung
der spartanischen Jugend erscheint als in den späteren stilisierenden und eine bewußte Zweckhaftigkeit voraussetzenden Darstellungen.)

Das Original in: Diel, E. *Anthologia Lyrica Graeca*. Leipzig, 1925. Alkman. *frg.*
1. Die schöne – an einigen Stellen vom Herausgeber abgeänderte – Über-
setzung stammt von Dornseiff, Fr. *Antike*. Jg. 9, 1933. Zur Wiederherstellung
und Deutung des umstrittenen, vielfach verstümmelten Textes vgl. Diels, H.
Alkmans Partheneion. Hermes. Jg. 31, 1896. Wilamowitz Moellendorf, U. *Der
Chor der Hagesichora*. Hermes. Jg. 32, 1897. Kukula, R. C. *Alkmans Partheneion*. Philologus. Jg. 66, 1907.
[191] Die gefallenen Kämpfer sind die Söhne und ein Verwandter des Hippokoon.

[192] Porkos, identisch mit Nereus, ältester Meergott.
[193] Chariten, Segen spendende Göttinnen.
[194] Die Eneter und Ebener sind kleinasiatische Stämme; Kolaxeios nach dem sky-
thischen König Kolaxais ist ein Beiname der Skythen: alle drei waren berühmt
wegen ihrer Pferdezucht.
[195] Der Name des Gegenchores.
[196] Die Bedeutung von Pharos ist unbestimmt. Es ist entweder ein Gewand oder
eine Pflugschar.
[197] Apollo.
[198] Kastor und Pollux.
[199] Aristophanes. *Lysistrata* 1296ff.
[200] Theokrit. *Idylle* XVIII, v. 1ff., v. 7f.
[201] Plutarch. *Lykurg* 14.
[202] Plutarch. *Agis* 7.
[203] Plutarch. *Pyrrhus* 27.
[204] Plutarch. *Apophth. Lac.* 240 c bis 242 d.
[205] Aelianus. *Vermischte Geschichten* XII, 21.
[206] Plutarch. *Kleomenes* 38. – Die hohe Meinung von der Charakterstärke der spartanischen Frauen wurde nicht von allen Griechen geteilt. Im Gegenteil, gerade gegen die Frauen der Lakedämonier wurden nach dem Urteil vieler
Schriftsteller mancherlei Vorwürfe erhoben: sie galten als zügellos, genieße-
risch, herrschsüchtig gegenüber den Männern, und besonders auch ihre vaterländischen Tugenden wurden bestritten. Sie wurden für wenig zuverlässig
und widerstandsfähig in Zeiten der nationalen Not gehalten. Als eine der ge-
wichtigsten Stimmen unter vielen anderen sei das Urteil des Aristoteles genannt: „[Die Frauen der Lakedämonier] leben in jeder Hinsicht zügellos und
üppig ..., zur Zeit der Hegemonie der Lakonier lag ein gutes Stück der Regie-
rung in den Händen der Frauen. Denn was macht es für einen Unterschied, ob
die Weiber befehlen oder die Regierenden sich von ihnen befehlen lassen? Es
kommt auf eins hinaus. Und da die Tollkühnheit im gewöhnlichen Leben zu
nichts und höchstens für den Krieg taugt, so haben auch nach dieser Seite die
Frauen der Lakonier großen Schaden angestiftet, wie es sich bei dem Einfall
der Thebaner gezeigt hat. Sie waren da ebenso wie in den anderen Städten zu
nichts zu gebrauchen, riefen aber eine Verwirrung hervor ärger als der Feind.
Anfänglich scheint allerdings die Zuchtlosigkeit der Frauen bei den Lakoniern
eine natürliche Folge der Verhältnisse gewesen zu sein. Sie [die Männer] waren wegen der Feldzüge lange Zeit von der Heimat abwesend, indem sie den
Krieg mit den Argivern und dann den mit den Arkadern und Messeniern führ-
ten; als sie aber Ruhe bekommen hatten, erwiesen sie sich selbst infolge des
Lagerlebens, das mannigfache Tugend erfordert, als gut vorbereitet für den
Gesetzgeber. Die Weiber soll Lykurg zwar unter die Gesetze zu bringen ver-
sucht, aber als sie sich widerspenstig zeigten, davon abgestanden haben ...
Auch gehörten den Weibern vom gesamten Grund und Boden beinahe zwei
Fünftel, teils weil viele Erbtöchter sind, teils weil man große Aussteuern gibt.“
(Aristoteles. *Politik* 1269 b. – Andere Kritiker der spartanischen Frauen: Plato.
Gesetze. St. 637; Nicolaus Damascenus. *F. H. G.* III, 458).
Der Widerspruch zwischen diesen beiden Bildern hat seinen Ursprung einmal
darin, daß viele der fremden Beobachter die schwer zugänglichen und ihnen

anstößigen Sitten des weiblichen Lebens in Sparta mißverstanden und daß ihnen als Laster erschien, was in Sparta selbst eine Tugend war. Und zugleich: Der Charakter der Spartanerinnen, wie er in den Zeugnissen Plutarchs sichtbar wird, ist ein Idealbild weiblicher Haltung, unter dessen Norm die Wirklichkeit des spartanischen Lebens zwar stand, von der sie sich aber oft um ein beträchtliches Stück entfernt haben wird. Es kommt hinzu: In den letzten Jahrhunderten der Geschichte Spartas breitete sich eine Wandlung des weiblichen Lebensstils aus, die viel von der ursprünglichen Haltung zerstörte und mit der sich Eigennutz, Genußwille und Lockerung der alten geschlechtlichen Sitte durchsetzten. Die Zustände des späten Sparta sind in den Kritiken der anderen Griechen sicher oft richtig gezeichnet. Trotzdem bleibt, daß Sparta in seiner Blütezeit einen Typus weiblicher Haltung geschaffen hat, der dem der Männer an Gemeinsinn und Entschlossenheit nicht nachstand.

²⁰⁷ Wide, S. *Lakonische Kulte*. Leipzig, 1893. Nilsson, M. P. *Griechische Feste*. Leipzig, 1906.

²⁰⁸ Der spartanische Historiker Sosibios beschreibt als Anlaß des Festes die Ehrung der Kämpfer in dem Krieg gegen Thyraea. Damit scheinen in dem Fest politische Erinnerung und religiöser Sinn miteinander verschmolzen zu sein.

²⁰⁹ Hesychios. *Gymnopaidiai*.

²¹⁰ Suidas. *Gymnopaidiai*.

²¹¹ Becker. *Anecdota: Gymnopaidiai* (I, 234).

²¹² Pausanias III, 11, 9.

²¹³ Plato. *Gesetze*. St. 633.

²¹⁴ Scholie zu Plato. *Gesetze*. St. 633.

²¹⁵ Lukianos. *Anarchasis* 38.

²¹⁶ Sosibios. *frg.* 5, *F. H. G.* II, 626.

²¹⁷ Hesychios. *Karneatai*.

²¹⁸ Becker. *Anecdota, Staphylodromoi* I, 305.

²¹⁹ Polykrates. *F. H. G.* IV, 480.

²²⁰ Auch die spätere Forschung hat den Sinn des seltsamen Brauches bisher nicht völlig aufklären können. Die herkömmliche Deutung stützt sich auf die Schilderung der Feier als einer Geißelung und meint, daß in ihr verschiedenartige Motive nacheinander zu einem Ganzen verschmolzen sind. Die ursprüngliche, schon in der Antike verbreitete Erklärung war, daß es sich hier um die Ablösung eines der Göttin dargebrachten Menschenopfers durch eine mildere Form des Blutvergießens handele. Spätere Untersuchungen haben diese Meinung weitgehend in Frage gestellt und den Brauch auf eine uralte religiöse Allgemeinvorstellung zurückgeführt. Die Schläge im Heiligtum der Göttin werden als ein magisches Sakrament angesehen, durch das göttliche Kräfte auf die Knaben übertragen werden. Die jährlich sich wiederholende Zeremonie hat den Sinn einer Weihe, die die Knaben vor dem Eintritt in das Mannesalter göttlichen Segens teilhaftig machen und sie in ihrer Lebenskraft steigern soll. Mit diesem ursprünglichen Gehalt haben sich dann später der Gedanke einer Erprobung der Standhaftigkeit und Selbstbeherrschung und die Idee eines Wettkampfes im Ertragen der Schmerzen verknüpft. Diese jüngeren Vorstellungen haben den alten religiösen Charakter der Zeremonie allmählich in den Hintergrund gedrängt und aus ihr mehr und mehr einen Wettstreit der Charaktererprobung gemacht.

Diese ganze Auffassung ist durch neue Erkenntnisse über die Göttin Artemis und im Hinblick auf das Unwahrscheinliche der außergewöhnlichen Grausamkeit wie auch auf die späte Herkunft der bisher im Vordergrund stehenden Quellengruppe erschüttert worden. Die vielfältigen Darstellungen des Ritus als einer Geißelung gelten als Übertreibungen der Spartaromantik und als Schilderung einer in der Spätzeit entarteten Kultsitte. Demgegenüber wird der Deutung des Festgebrauchs der Hinweis des Xenophon als der ältere, glaubwürdigere und widerspruchslosere Bericht zugrunde gelegt. Danach ist die Diamastigosis ein kultischer Wettstreit zu Ehren der Artemis, bei dem Knaben um eine Opfergabe der Göttin miteinander kämpfen. Auch mit diesem Sinn kann sich dann im Lauf der Zeit die Idee einer Standhaftigkeitsprobe verschmolzen haben. – Vgl. Frazer, J. G. *Pausanias' Descriptions of Greece*. Bd. III, S. 341f. London, 1898. Nilsson, M. P. *Griechische Feste*. S. 191ff. Thomsen, A. *Orthia*. In: *Archiv für Religionswissenschaft*. Bd. IX, 1906. Pfuhl, E. *Zur Geißelung der spartanischen Epheben*. Ebd. Bd. XIV, 1911. Ziehen L. *Sparta (Kulte)*. In: *Pauly-Wissowa, Realenzyklopaedie der klassischen Altertumswissenschaft* II. Reihe, Halbb. VI, S. 1416ff. Leipzig, 1927. Dawkins, R. M. *The sanctuary of Arthemis Orthia at Sparta*. London, 1929.

[221] Pausanias III, 16, 10.
[222] Lukianos. *Anarchasis* 38.
[223] Plutarch. *Inst. Lac.* 239 c, d (40).
[224] Nicolaus Damascenus. *frg.* 103 z. *Fr. Gr. Hist.* 90 (Bd. II A, 387).
[225] Cicero. *Quaestiones tusculanae* II, 14.
[226] Hyginus. *Fabulae* 261. – Der Ehrentitel Bomonikes wurde über das Knabenalter hinaus beibehalten und findet sich auf mehreren spartanischen Grabinschriften. *Inscriptiones Graecae* V, 652, 653, 653 b, 654.
[227] Xenophon. *Staat der Lakedämonier* II, 8/9.
[228] Plutarch. *Aristides* 17.
[229] Pausanias III, 14, 6.
[230] Ebd. III, 20, 8.
[231] Lukianos. *Anarchasis* 38.
[232] Cicero. *Quaestiones tusculanae* V, 27.
[233] Lukianos. *de saltatione* 10.
[234] Pausanias III, 10, 7.
[235] Pollux IV, 104. Vgl. auch Pausanias IV, 16, 9. Plutarch. *Artaxerxes*, 18.
[236] Pausanias III, 13, 7.
[237] Herodot VII, 176.
[238] Herodot VII, 201ff.
[239] Ephoros. *frg.* 149. *F. Gr. Hist.* 70 (Bd. II A, 387f.).
[240] Heraklides Lembos. *frg.* 3. *F. H. G.* II, 211.
[241] Nicolaus Damascenus. *frg.* 103 aa. *F. Gr. Hist.* 90 (Bd. II A, 387f.).
[242] Die Bewohner von Lyktos, einer alten Stadtsiedlung auf Kreta.
[243] Dosiades, *F. H. G.* IV, 399.
[244] Pyrgion. *F. H. G.* IV, 486.
[245] Euripides. *Alkestis.* v. 989, Scholie.
[246] Hesychios. *apagelos.*
[247] Aelianus. *Vermischte Geschichten* II, 39.

Quellenübersicht

Aelianus (2. Jh. n. Chr.). *Vermischte Geschichten* II, 39; III, 10; III, 12; VI, 3; VIII, 13; XII, 21; X, 40; XII. 50; XIV, 7.
Agatharchidas (2. Jh. v. Chr.). *frg.* 10 (*F. Gr. Hist.* 86).
Alkman (7. Jh. v. Chr.). *frg.* 1.
Anecdota (Becker); *Gymnopaidiai* (1, 234); *Staphylodromoi* (1, 305).
Anthologia palatina II, 623, Nr. 1.
Aristophanes (4. Jh. v. Chr.). *Lysistrata* V, 78ff.; V, 1296ff.
Aristoteles (384–322). *Nikomachische Ethik* 1180 a; *Politik* 1269 b; 1270 b; 1324 b; 1337 a.
Aristoxenos (4. Jh. v. Chr.). *F. H. G.* II, 289; *F. H. G.* II, 291.
Athenaios (3. Jh. n. Chr.). 602 d; 630 b; 632 f–33 a.
Boethius (um 480–524). *de institutione musica* I, 1.
Cicero (106–43). *Quaestiones Tusculanae* II, 14; II, 15.
Dikaiarchos (4. Jh. v. Chr.). *F. H. G.* II, 249.
Dosiades. *F. H. G.* IV, 399.
Ephoros (um 405 bis um 340). *frg.* 149 (*F. Gr. Hist.* 70).
Euripides (um 480 bis um 406). *Alkestis* V, 989, Scholie.
Gellius (2. Jh. n. Chr.). *Noctes Atticae* XI, 18, 17.
Heraklides Lembos (2. Jh. v. Chr.). *frg.* 2 *F. H. G.* III, 168; *De rebus publicis*, 2, *F. H. G.* II, 210; *F. H. G.* II, 211.
Heraklides Pontikos (4. Jh. v. Chr.). In: *Athenaios* 624 c/25 d.
Harpocration. *mothon.*
Herodot (um 484 bis um 425). 1, 67; VI, 56ff.; VII, 176; VII, 201ff.; VIII, 124.
Hesychios (vermutl. 5. Jh. n. Chr.). *agamia, apagelos, Gymnopaidiai, Karneatai, mothakes, mousax, Staphylodromoi.*
Hippasos. *F. H. G.* IV, 430.
Hyginus (2. Jhd. n. Chr.). *Fabulae* 261.
Inscriptiones Graecae. Bd. V, 32; 36; 37; 41; 44; 45; 65; 136–40; 556; 652; 653; 653 b; 654; 676–85.
Isokrates (436–338). *Panathenaikos* 276 d; 277; *Briefe* II, 6.
Klearchos (4. Jh. v. Chr.). *frg.* 49 (*F. H. G.* II, 319).
Kritias (460–403). *frg.* 32 (Diels).
Lukianos (um 120 bis um 180). *Anacharsis* 38; *de saltatione* 10–12.
Nikolaus Damascenus (1. Jh. v. Chr.). *frg.* 56 (*F. Gr. Hist.* 90); *frg.* 103 z (*F. Gr. Hist.* 90); *frg.* 103 aa (*F. Gr. Hist.* 90).
Pausanias (2. Jh. n. Chr.). III, 10, 7; III, 11, 2; III, 11, 9; III, 12, 10; III, 13, 7; III, 14, 6; III, 16, 10; III, 20, 8; IV, 16, 9.
Philostratos (3. Jh. n. Chr.). *Gymnastik* 9; 27.
Phylarchos (3. Jh. v. Chr.). *frg.* 43 (*F. Gr. Hist.* 81).
Pindar (518 bis um 442). *frg.* 112.
Platon (427–348/47). *Gesetze* St. 633, mit Scholien; 637; 805/06; 815; *Protagoras* St. 342ff.; *Staat* St. 452; *Laches* St. 182.
Plutarch (um 46–120). *Agesilaos* 1, 5, 7; *Agis* 7, 11; *Aristides* 17; *Artaxerxes* 18; *Kleomenes* 12, 37ff.; *Lykurgos* 4ff., 12ff., 24ff.; 28; *Lysander* 2, 30; *Pyrrhus* 27; *Themistokles* 17; *Apophthegmata Laconica* 208–236 d; *Apophthegmata Lacaenarum* 240 d–242 d; *Apophthegmata reg. et imp.* 189 e; *de garrulitate* 17; *Instituta Laconica* 236–240 a; *de liberis educandis* 2, 4; *de musica* 20, 32, 43; *de profectibus in virtute* 13.
Polemon. *frg.* 86 (*F. H. G.* III, 142).
Pollux (2. Jh. n. Chr.). III, 48.
Polybios (um 200 bis um 120). VI, 48.
Polykrates. *F. H. G.* IV, 480.
Pyrgion. *F. H. G.* IV, 486.
Seneca (um 1–65). *de beneficiis* V, 3.
Sosibios (3. Jh. v. Chr.). *frg.* 5 (*F. H. G.* II, 626).
Stobaios Florilegium. *Ariston*, Bd. III, 3; *Teles*, Bd. II, 68.
Suidas (10. Jh. n. Chr.). *Gymnopaidiai; mothones.*
Theokritos (3. Jh. v. Chr.). *Idyllen:* XVIII, 1ff., 7ff., 22ff.
Thukydides (um 460 bis um 400). II, 11; V, 70.
Tyrtaios (7. Jh. v. Chr.). *frg.* 2–3 a, 6ff.
Xenophon (um 430 bis um 354). *Anabasis* IV, 6, 14; *Memorabilia* IV, 4, 15; *Staat der Lakedämonier* Iff.; 11ff.; 15.

133

Schrifttum

I

Müller, K. O. *Die Dorier*. 2. Aufl. Breslau, 1844.

Meyer, E. *Geschichte des Altertums*. Bde. 2–5. Stuttgart, 1893–1902.

Busolt, G. *Griechische Staatskunde*. 3. Aufl. München, 1920–1926.

Kahrstedt, U. *Griechisches Staatsrecht*. Bd. 1: *Sparta und seine Symmachie*. Göttingen, 1922.

Pohlenz, M. *Staatsgedanke und Staatslehre der Griechen*. Leipzig, 1923.

Darré, R. W. *Sparta*. In: *Das Bauerntum als Lebensquell der nordischen Rasse*. 2. Aufl. München, 1933. S. 162ff.

Berve, H. *Sparta*. Leipzig, 1937.

II

Krause, J. H. *Die Gymnastik und Agonistik der Hellenen*. Leipzig, 1842.

Ders., *Geschichte der Erziehung, des Unterrichts und der Bildung bei den Griechen, Etruskern und Römern*. Halle, 1851.

Grasberger, L. *Erziehung und Unterricht im klassischen Altertum*. Würzburg, 1864–1881.

Krieck, E. *Bildungssysteme der Kulturvölker*. Leipzig, 1927.

Lechner, M. *Erziehung und Bildung in der griechisch-römischen Antike*. München, 1933.

Jaeger, W. *Paideia*. Berlin, 1934.

Franz, H. *Die Pädagogik des griechischen und römischen Altertums*. In: *Handbuch der Erziehungswissenschaft*. München, 1934.

Register

Inhalt